LLOFFION LLŶN

LLOFFION LLŶN

Detholiad o ryddiaith, barddoniaeth a cherddoriaeth, wedi eu casglu o hen bapurau newydd, llyfrau a chylchgronau, ynghyd ag ambell i erthygl a nodiadau gan yr awdur

W. Arvon Roberts

Cyflwynaf y gyfrol hon
er cof annwyl
am fy mam-yng-nghyfraith
Elinor Price-Pritchard
(1923-2009)

Argraffiad cyntaf: 2009

ⓗ W. Arvon Roberts/Gwasg Carreg Gwalch

Rhif rhyngwladol: 978-1-84527-238-8

Mae'r cyhoeddwr yn cydnabod cefnogaeth ariannol
Cyngor Llyfrau Cymru

Cynllun clawr: Sian Parri

Cyhoeddwyd gan Wasg Carreg Gwalch,
12 Iard yr Orsaf, Llanrwst, Conwy, LL26 0EH.
Ffôn: 01492 642031 Ffacs: 01492 641502
e-bost: llyfrau@carreg-gwalch.com
lle ar y we: www.carreg-gwalch.com

Argraffwyd a chyhoeddwyd yng Nghymru.

Cynnwys

7

Rhagair

Disgrifiadau amrywiol o fannau a chymeriadau o hynod hen wlad Llŷn, ynghyd ac ambell i gerdd a chân, ac emyn yw'r detholiad hwn. Cesglais y deunydd dros gyfnod o ddeugain mlynedd a mwy. Nid yw'r arlwy hwn ond megis rhan fechan o'r cannoedd eitemau printiedig a berthyn i'm casgliad.

Fel cyn-bostmon yn Llŷn am gyfnod maith, cefais gyfle ardderchog o 'rodio yn rhwydwaith ei rhedyn, a thremio i'w thrymiau a'i thraeth . . .' Cyfle i ymweld droeon â phob un o'r lleoedd y cyfeirir atynt yn y gyfrol hon. A chyfle hefyd i holi a chwilio yn fwy trwyadl i gefndir rhai o'r llenorion, beirdd a cherddorion a adawsant eu hôl ar y gornel fach hon o Gymru.

Gobeithio y bydd y cynnwys yn un y gall y darllenydd droi iddo am wybodaeth a hanes, i droi atynt pan fo egwyl i ymdeimlo rhin a thraddodiad y fro annwyl hon, a'r gymdeithas sydd yn dal mor gyfoethog ei diwylliant.

Carwn gydnabod fy niolch i awduron a pherchnogion hawlfreintiau am eu caniatâd i gynnwys eu gwaith; ac i Wasg Carreg Gwalch am eu gofal arferol a'u cyhoeddi graenus.

W. Arvon Roberts, 2009

LLŶN

Taith moto-beic yn Llŷn, 1946

Mae'r mwynhad o deithio gwlad Llŷn yn dibynnu i gryn fesur ar feddwl a thueddiadau blaenorol y teithiwr. Ni all y mwyaf dwl lai na synnu ei fod ef neu hi mewn gwlad iach ei hawelon, ac amrywiol ei golygfeydd. Ond i'r sawl a ŵyr ond ychydig am hanes y wlad, ac am hanes ei henwogion, y mae taith yn Llŷn yn wir adfywiad i gorff a meddwl. Mae anadlu'r awyr iach yn Llŷn yn bleser pan fo arogl y grug a'r rhedyn arni:

> Llŷn dirion a'i llawn doraeth,
> O ydau a llynnau llaeth.

meddai Dafydd Ddu Eryri yn un o'i ganeuon. Yn wir, mae'n anodd cael dim byd prydferthach na'r cyfoeth ac ysblander lliwiau mewn gweirglodd ym Mhenrhyn Llŷn ym mis Mehefin. Dyma flodau melynion, nid melyn gwywedig fel a geir mewn siop ddillad, ond melyn byw, melyn fel pob amser dan ei wlith. A dyna wedyn lygaid y dydd, gyda'i wyn a choch, grug glasgoch, ac ambell bant gwyrddlas o redyn yn eu canol.

* * *

Cychwynnais ar daith haf ar y flwyddyn gyntaf ar ôl diwedd yr Ail Ryfel Byd. Roedd argraff y rhyfel a gwledydd tramor yn drwm ar fy meddwl, ar ôl blynyddoedd yn yr awyrlu. Cefais ddiwrnod o deithio ar gefn fy moto-beic drwy wlad brydferth Llŷn. Model BSA ydoedd a'i rif oedd JC9547.

Wrth imi wneud fy ffordd o'm cartref ym Mhlasgwyn, ger Y Ffôr, am Bwllheli, prif dref Llŷn, arhosais am ennyd ger Llwynhudol. Roedd syllu ar y fro oddi tanaf, ardal lwyswedd Abererch yn wledd i'm llygaid. Cofiais am bennill neu ddau o waith H. Emyr Davies, bardd gwlad lleol, am yr hyn a welodd ef o'r llecyn godidog hwn . . .

Yr olygfa o Lwynhudol

Gerllaw, mae dyffryn tonnog glas
Eifionydd yn ymestyn;
Ac Abererch yn ymdecau,
Yn siaced fraith y flwyddyn.

Islaw gorweddai'r culfor dwfn
A'r bryniau yn ei warchod;
A'i donnau'n sisial wrth y traeth,
Gyfrinach Cantre'r Gwaelod.

Does yna neb tebyg i'r bardd am weld gwir brydferthwch, ac eto i mi roedd
yr olygfa honno ger Llwynhudol yn anfarwol. Roeddwn yn tybio, er imi weld
llawer bae tlws er teithio byd, na welais i ddim byd tlysach na Bae Ceredigion
y diwrnod hwnnw. Roedd môr diderfyn o'm blaen, ac roedd y glesni hwnnw
a welais yn un na welais i mo'i debyg erioed o'r blaen.

Yna, wedi imi aros yno am ennyd, marchogais ymlaen ar gefn fy moto
beic am dref Pwllheli. Mae gwaith dyn yn gwneud ambell dref yn brydferth.
Ni chefais i mo'r amser y diwrnod hwnnw i oedi llawer ond roedd teithio ar
hyd Ffordd y Cob yn hynod o brydferth. Yr adeilad a dynnodd fy sylw i fwyaf
oedd Tafarn Penlan Fawr. Cofiais imi ddarllen am hanes cewri'r

Tref Pwllheli o ben y Garn

Methodistiaid, Howel Harris a William Williams, Pantycelyn, yn traethu yr efengyl o flaen y porth. I mi, o gofio'r hanes, roedd yna rywbeth yn annwyl a phrydferth yn yr hen adeilad hwnnw hyd yn oed. Y tu ôl i'r dre mae'r Garn, ac o gopa'r bryn hwnnw y gwelir gwir brydferthwch tref Pwllheli. Yr wyf o'r un farn a'r bardd a ganodd y pennill bach hwnnw . . .

Tu ôl i dref Pwllheli,
Mae mynydd bach ei lun,
Lle treuliwyd llawer orig,
Hamddenol gyda bun.

* * *

Gadewais dref Pwllheli, a chychwynnais ar fy nhaith allan am wlad Llŷn. Y lle cyntaf a dynnodd fy sylw ar ôl gadael y dref oedd yr hen dollborth, neu'r 'tyrpeg' fel y'i gelwir ar lafar gwlad. Arhosais ennyd yno cyn penderfynu pa ffordd i'w chymryd, naill a'i i'r chwith am Abersoch, neu i'r dde am Nefyn. Penderfynais droi i'r dde a chyfeirio at bentref Efailnewydd. Ni fûm yn hir cyn dechrau teimlo ysbrydoliaeth y wlad. Roedd gwenau'r haul yn aros ar flodau gwylltion ar ochor y ffordd fawr, ac nid oedd y gwres wedi deifio wyneb y

13

maes. Doedd dim byd yn hynod yn Efailnewydd, heblaw fod dwy o briffyrdd Llŷn yn cyfarfod yno. Y diwrnod hwnnw cyfeiriais i'r chwith am Rydyclafdy. Yn fuan ar ôl gadael Efailnewydd, roeddwn yn croesi afon fechan. Roedd melin segur ar y dde, a gweirglodd ar yr aswy, gyda'r afon yn dolennu trwyddi. Arhosais funudau eto ger yr hen felin. O! mi roedd y diwrnod braf hwnnw yn un tlws. Roedd y dŵr yn murmur yn ddedwydd wrth ddawnsio ymlaen dros y cerrig mân, ac yna'n gorffwys mewn llyn du, cysgodol dan gysgod hen goeden ysgaw aroglus a glaswellt ir, a'r brithyllod yn nofio'n berffaith lonydd, ac yna yn rhoi ambell dro sydyn.

Ailgychwynnais yn araf, heb fod ymhell i ffwrdd roedd yn rhaid aros wedyn i edmygu Gors Geirch, o ben Rhiw Goch. Y gors o fôr i fôr, meddan nhw. Gadewais y moto beic a dringo i ganol y rhedyn i gael gwell golwg. Er mai pentref bychan yw Rhydyclafdy, o ben y Rhiw Goch, mae'n edrych gan falchder fel dinas odidog. O'm blaen roedd Garn Fadryn, y mynydd uchaf yn Llŷn.

Daeth englyn Glan Llyfnwy i'm cof

O'r nef edrych Carn Fadryn – i wylio
Tawelwch Llaniestyn,
Ei henwog gaerog goryn,
Yw uchder llwch daear Llŷn.

Roedd yr haul yn troi popeth yn ogoneddus o dan ei wên. Gwelwn liw melynwyn brenhines y weirglodd, coch gwantan blodau'r grug, melyn tanbaid yr eithin, a'r lliwiau afrifed rhwng coch-wyrdd y gwair aeddfed.

Ymlaen â mi drwy bentref Rhydyclafdy, ac aros eto funud i edmygu carreg goffa Howel Harris o flaen drysau'r capel. Teimlo'n falch rhywsut, o gael fy nwy law ar y garreg y bu traed y pregethwr enwog hwnnw yn sefyll arni ganrifoedd ynghynt. Dringais ychydig i fyny o'r pentref a chyn hir deuais i odre mynydd. Ar y chwith imi ar ddarn o dir uchel, yng nghanol ffriddoedd moelion, gwelais adeilad. Nid oes yna na thŷ na thwlc yn agos ato. Dyma eglwys hynafol Llanfihangel Bachellaeth. 'Yng nghanol tawelwch gwlad Llŷn', meddai Cynan. Druan o'r hen eglwys – mae wedi'i gadael fel hwylbren ar ben mynydd. Mor lleddf-swynol i'r cystuddiedig ei enaid yw troi o ddwndwr byd i dawelwch y fynwent a rhodio am ennyd ym mro y bedd. Mor wir oedd geiriau Cynan dybiais i y diwrnod hwnnw yn Llanfihangel

Bachellaeth.

Gallaswn fod wedi aros yno drwy'r dydd ond rhaid oedd mynd ymlaen i gyfeiriad dyffryn deiliog Nanhoron. Roedd awel ysgafn yn gwneud iddynt ysgwyd yn araf fel hen wragedd y seiat gynt dan awelon Seion. Teithiwn dan goed cyll oedd yn taflu eu cysgodion dros y ffordd gul a throellog. Yna, dod i hafn gul – mynydd serth ar un ochr imi, a choed lawer ar yr ochor arall. Ymlaen wedyn i ehangder – ar y dde roedd melin, gyda llyn gloyw o'r tu uchaf iddi, a thu hwnt i hwnnw, doldir bras.

Os oes rhywun angen disgrifiad cywir am olygfa brydferth, wledig, yn ei cheinder a'i thawelwch, wel dyma hi, prydferthwch gwlad Llŷn ar ei orau yn Nyffryn Nanhoron. Aethom heibio Plasty Nanhoron ac wedi dod allan o'r coed, cefais olygfa fendigedig ar dir a môr. O'm blaen ar y chwith roedd yr eigion gwyrdd. Draw roedd Ynysoedd Sant Tudwal, bryniau Cilan a Mynydd y Rhiw – y cyfan yn falch o fod yn rhan o brydferthwch Llŷn.

Cipolwg ar ysgol enwog Botwnnog, ac ymlaen am y Sarn – Sarn Mellteyrn. Saif y pentref mewn pant cauedig. Roedd golwg glyd arno. Y tai yn glòs yn ymyl ei gilydd, a phopeth yn argoeli cysur a chymdogaeth dda. Nid arhosais yno'n hir. Wedi dringo ychydig o'r pentref troiais i'r dde heibio eglwys y plwyf ac yna ymlaen am Blasty Cefn Amwlch. Roedd arnaf eisiau gweld y gromlech hynafol ar dir Trefgwm, a adwaenir wrth yr enw 'Coeten Arthur'. Canfyddais y meini ar yr ochor chwith i'r ffordd fawr, ar lecyn dymunol ar ochor mynydd Cefn Amwlch.

Rhoddais y moto beic i orffwys ar y clawdd a cherddais tuag at y cerrig. Roedd golwg batriarchaidd, baganaidd arnynt, meini sydd wedi eu harbed hyd yn hyn rhag y dwylo ysbeilgar sydd wedi gwneud cymaint o gerrig hanes yn gerrig cloddiau. Cofiais wrth eistedd gerllaw y meini am eu traddodiad, a dyma eu cynnwys hwythau ar restr prydferthwch gwlad Llŷn.

Yn ôl at y moto beic a mi ac ymlaen heibio Plasty Cefn Amwlch gan gofio am Madam Gruffudd. Cyrraedd Beudy Bigin ac ymlaen ar hyd y ffordd sydd ar ochor Mynydd Cefn Amwlch. Anfynych y ceir golygfa fwy boddhaol nac a geir oddi ar y llecyn hwnnw. Eisteddais wrth droed y mynydd gan edrych draw i gyfeiriad hen Eglwys Penllech, tua Môr Iwerddon, lle roedd llewyrch yr haul ar grib pob ton. Draw ar y gorwel gallwn weld llong stêm yn cyrchu porthladd Lerpwl. Gwelwn hefyd ardal Llangwnnadl yn brydferth sobor, a draw ar y chwith, Capel Penygraig.

Cofiais yn y fan am hanes y Cyfarfod Gweddi hynod hwnnw pan oedd ymfudo mawr o Gymru i'r America, tua'r flwyddyn 1825. Os oedd ardal Penygraig yn edrych mor odidog y diwrnod hwnnw pan gychwynnodd y dyrfa honno, ac roedd hi y diwrnod yr eisteddwn innau yn unigedd y mynydd, yna mae'n siŵr fod y teimladau yn ddwys iawn pan oeddynt yn canu

> Ffarwel gyfeillion annwyl iawn,
> Tros ennyd fechan ymadawn,
> Henffych i'r dydd cawn eto gwrdd,
> Yn Salem lân oddeutu'r bwrdd.

Ymlaen â ni gan yfed yr awyr iach ac am Penygroeslon, lle sylwais fod y cloddiau wedi'u goreuro gan flodau'r eithin.

Wrth nesáu tuag ardal Rhoshirwaun, roedd y golygfeydd yn ehangu yn fawreddog nes gwneud imi anghofio blinder. Rhywbeth trawiadol yn Llŷn yw cyfoeth ei lliwiau. Arhosais am amser yn ardal dlos y Rhos. Mwyn oedd gorwedd ar y rhos i weld yr ehedydd bach yn codi o uchder i uchder nes y byddai'n smotyn du bron yn rhy fach i'w weld yn yr uchelfannau glas.

Rhaid oedd gadael tawelwch Rhoshirwaun a symud ymlaen am Aberdaron, lle a ystyrir yn gyffredin fel y pwynt eithaf yn Llŷn - ond y mae yna dair milltir o brydferthwch o'r pentref i ben draw'r byd. Eto, mae Aberdaron yn ddigon pell oddi wrth y byd i ymwelydd dieithr fydd yn dod o Bwllheli. Cyn imi ddod i bentref Aberdaron, mewn pant ar yr ochor chwith, gwelais hen blasdy hynafol Bodwrdda yng nghanol y coed, a sŵn brain yno'n nythu. Mae'n fan hyfryd ac urddasol.

Doedd dim golwg o bentref Aberdaron nes yr awn heibio i Gapel Salem, y Wesleiaid ar y llaw dde. Rhaid dyfod iddo cyn ei weld. Dyma bentref bach hardd ar lan y môr, ym mhellafoedd Llŷn, a'r feisdon yn golchi muriau llwydion y fynwent lle saif yr hen eglwys. Cymerais amser i gerdded oddi amgylch yr hen eglwys, ac yr oedd natur o'm cwmpas yn od o ddistaw. Dim ond y don yn distewi oddi tanaf a'r gwylanod yn ehedeg fel angylion i gyfeiriad y môr, yn genhadon tywydd braf i ddod. Doedd ryfedd i mi y byddai Dic Aberdaron yn arfer breuddwydio, oherwydd rhyw le i wneud hynny yw Aberdaron. Cefais innau luniaeth yn yr adeilad gwyngalchog hynafol, sef y Gegin Fawr, yn union fel yr hen seintiau gynt yn hawlio pryd o fwyd cyn croesi am Enlli.

* * *

Roeddwn ar feddwl cael gweld Maen Melyn Llŷn – mae iddo yntau ei le ym mhrydferthwch gwlad Llŷn, ond gan fod yr oriau yn rhedeg mor gyflym, troiais i'r chwith yng nghanol Aberdaron, mynd i fyny gallt serth, a chyfeirio at y Rhiw. Bûm yn gloddesta ar unigedd ger Eglwys Llanfaelrhys, ac fel yr eisteddwn i ar fur y fynwent roedd y tawelwch a'r heddwch o'm cwmpas fel pe tae yn suddo fel balm i'm henaid.

Ymlaen i'r Rhiw, gadael y moto-beic, a cherdded ar hyd llwybr i ben y mynydd. Unwaith eto, roedd y tawelwch yn adfywiol o annisgrifiadwy - nid oedd yno ond su pell y môr a sain ambell aderyn y mynydd. Cododd chwant bwyd arnaf er mai newydd fwyta roeddwn i. O Fynydd y Rhiw, gwelais ogoniant prydferthwch gwlad Llŷn. Mae'r trefwr yn hiraethu am unigedd y mynydd, a'r mynyddwr yn hiraethu am ambell ffair, a phawb yn cwyno ar ei le - ond dyma'r lle agosaf at wynfyd imi fod ynddo erioed.

Edrychais yn syn ar Borth Neigwl o ben Mynydd y Rhiw. Cofiais imi ddarllen am yr hen long, y *Twelve Apostles*, aeth yn ddrylliad yno. Cofiais am ei erchyllter wrth edmygu ei brydferthwch. Dychwelais yn fy ôl i'r ffordd fawr ar hyd llwybr defaid, ac ni fu imi weld carped mor esmwyth dan fy nhroed a'r un a welais i ar y mynydd yn sychder haf.

Hyfryd oedd teithio ar gefn moto beic heibio hen Eglwys Aelrhiw, ac aros eto i edmygu hen Ffynnon Eiliw. Lawer tro ar wastadoedd sychion India gynt, bûm yn hiraethu am ddyfroedd grisialaidd. Roeddwn yn mwynhau fy hun yn ardderchog yn meddwi ar brydferthwch gwlad Llŷn. Ymhen ychydig amser, gadewais y Rhiw ar hyd tir gwastad Neigwl, dros y Saithbont, drwy bentref heddychlon Llangian ac yna Llanengan a'i heglwys hynafol hithau, a dyma gyrraedd cyrchfan y miliwnydd, sef Abersoch, ei borthladd bach a fu'n fan diogel i lawer llong; ei dywod euraidd a'i awel iach. Doedd gan 'Ap Vychan' ddim rhyw lawer i'w ddweud am y lle nac ychwaith fawr iawn o feddwl o'r bobol yn ei ddyddiau ef:

Rhyw bur sych yw'r Abersochiaid, yn lloi
   Llŷn pur ddienaid,
Gwedi'r ŵyl eu gado raid,
Yno fel anifeiliaid.

Rhyw brydferthwch modern sydd i Abersoch, ac fe adewais i o i'r miliwnydd a'r cyfoethog ariannol.

* * *

Troiais i'r mynydd, ac am Fynytho, i fynydd y mân nythod fel y dywed Owain Llŷn. Credaf mai o ochor y Foel Gron y daeth uchafbwynt fy nhaith. O! yr olygfa fythgofiadwy. O'r Foel Gron cefais olwg ddigymar ar wastadoedd Llŷn ac Eifionydd, gyda Garn Fadryn a Garn Boduan yn eu gwarchod ar un llaw, a Mynydd y Rhiw a'r Mynydd Mawr ar y llaw arall. Cefais weld Ynysoedd Sant Tudwal a Bae Ceredigion, a chadwyn Eryri yn cydio Arfon a Meirion wrth ei gilydd. Ai dychymyg sydd yn gwneud imi feddwl fod awel wan, gwynfanus fel ysbryd hen stormydd yn crwydro oddi amgylch mannau enwocaf hanes? Eisteddwn yno ar ben y Foel Gron yng nghanol melyn yr eithin mân, a choch tywyll y grug. Daeth englyn William Williams, Pandy, Saethon i'r Foel Gron i'm cof:

Arsyllfa haf braf ein bro – ydyw hon,
　　Od o hardd a chryno,
Gwellt a grug yw gwallt y gro,
Ym mhen eithaf Mynytho.

Cas oedd gennyf adael y fath wledd o brydferthwch Llŷn. Teimlais fy hunan yn agos iawn i'r nef wrth eistedd yno ar y Foel Gron. Roedd yn dechrau hwyrhau wrth imi nesáu at bentref clyd Llanbedrog, i lawr drwy Pig Stryd â mi, heibio gwesty Tŷ Du ac i gyfeiriad glan y môr, lle a elwir yn lleol yn Fox Hall. Gwelais Blasty Glyn y Weddw yng ngodrau'r allt, a adeiladwyd gan y Fonesig Love Parry, Madryn, ar ôl claddu ei gŵr.

Roedd gwaelod y cwm yn llawn coed, nifer o binwydd yn eu mysg yn edrych fel merched ieuanc y dref yng nghanol genethod y wlad. Cyrhaeddais yn fy ôl i dref Pwllheli, ac ymhen ychydig funudau, roedd fy nghartref yn y golwg. Roedd yr haul yn prysur ddiflannu dros ysgwyddau'r mynyddoedd cyn iddo ddisgyn i'r eigion a chân yr adar yn darfod o un i un. Cyrhaeddais yr hen aelwyd yn flinedig ond wedi gweld mewn un diwrnod ychydig bach o ogoniant Cymru ym mhrydferthwch gwlad Llŷn. Do, gwelais ei thegwch hi,

18

ei thraethau euraidd, ei ffynhonnau gloyw, ei blodau gwyllt ac ôl traed y seintiau gynt. Teimlais ryw falchder wrth ddiweddu'r diwrnod bythgofiadwy hwnnw wrth imi ganu i fy hunan . . . 'Merch o Lŷn yr wy'n ei charu/Nid o'r llun a'r lliw sydd arni/Ond o Lŷn, gerllaw Pwllheli.'

Tecwyn Price-Pritchard (1946)

Ganwyd yr awdur yn Tai Price, Rhosfawr, ger y Ffôr, Medi 16, 1921. Bu'n mynychu Capel Tyddyn Siôn (B), gerllaw ei gartref, ac ar ôl iddo briodi bu'n swyddog gyda'r Wesleaid ym Mynytho. Gwasanaethodd gyda'r awyrlu yng Ngogledd Affrica, ac India, yn ystod yr Ail Ryfel Byd. Ar ôl hynny bu'n gweithio gyda Chwmni Bysiau Crosville, ac yn ddiweddarach yn swyddfa'r Bwrdd Dŵr ym Mhwllheli. Bu'n ddarllenwr mawr ac yn eisteddfodwr pybyr hyd nes iddo ef golli ei olwg yn y blynyddoedd diwethaf. Deil i fod â diddordeb yn y pethau, ac mae'n sgwrsiwr hynod o ddifyr, yn ei bedwar ugain hwyr gyda'i gof yn fyw iawn. Y mae bellach wedi gwneud ei gartref ym Mhlas Hafan, Nefyn, ac mae'n dad-yng-nghyfraith i awdur y gyfrol hon.

Golud yr Oes, *Hydref 1863*

O'r Dysgedydd, *Mehefin 1823*

Llŷn

Rhodiais drwy ddorau euraid,
Heibio'r paradwydd glas,
Megis i neuadd dawel
Ryw anghofiedig blas.

Rhyfeddais at gadernid
Ei braith golofnau gwiw,
Garn Fadryn ar y ddeau
I'r aswy Copa'r Rhiw.

Anadlais y tangnefedd,
Yfais o'r harddwch mawr,
A'r borfa werdd yn estyn
Ei charped ar y llawr.

Hir y parhao eithin
Melyn i synnu dyn,
A thawch y blodau gleision
Yn nwfn lonyddwch Llŷn.

William Jones

Ganwyd William Jones (1896-1961) yn Nhrefriw, Dyffryn Conwy. Bu'n fyfyriwr yng Ngholeg Prifysgol Bangor a Choleg Bala-Bangor, cyn mynd yn weinidog gyda'r Annibynwyr Saesneg i Rednol a West Felton, Swydd Amwythig, ac yna Llanfair Caereinion ym Maldwyn. Ar ôl iddo ymddeol, symudodd i fyw i Dremadog, Eifionydd. Cyhoeddodd ddau lyfr: Adar Rhiannon a Cherddi Eraill *(1947) a* Sonedau a Thelynegion *(1950). Ef oedd awdur y gerdd boblogaidd, baled 'Y llanc ifanc o Lŷn'. Claddwyd ym mynwent Bethel, Golan, ger Garndolbenmaen.*

Llŷn

Gwelais unwaith fap o Gymru ar ffurf hen wraig. Yn wir yr oedd hi'n gymwys yr un fath â hen wraig – Sir Fôn yn ben iddi (a bonet am hwnnw, os cofiaf yn iawn), Sir Benfro yn droed iddi, Sir Gaernarfon yn fraich iddi, a phenrhyn Llŷn yn flaen-bys i'r fraich. Ni fyddai Cymru yn gyflawn heb Llŷn. Byddai Sir Gaernarfon yn afluniaidd a phwt, fel bys wedi ei dorri yn y migwrn. Yn wir, byddai rhywbeth yngholl o gyfanrwydd pethau fel petai pe na bai Llŷn ar y map.

Pwyntio at Enlli y mae Llŷn – lle mae'r gorffennol o hyd yn nythu yn llonyddwch ei orffennol ei hun. Beth bynnag arall a roes Enlli i Lŷn, rhoes iddi gyfran o'r llonyddwch hwnnw – llonyddwch yr oes o'r blaen, llonyddwch dôl a gweirglodd, lle mae'r afonydd yn ddiog a'r ffosydd yn swrth, a'r niwl yn cerdded i mewn o'r môr yn ddistaw, ddistaw bach.

Pe cymhwysai R. Williams Parry ei 'lyfnion hafodlasau' at y pridd yn hytrach na'r awyr mi allasai mai at ddolydd Llŷn y cyfeiriai. Gorweddant yno'n dawel rhwng canllawiau Môr Iwerddon a Bae Ceredigion, rhwng Mynydd Anelog a Garn Fadryn, rhwng Mynydd y Rhiw a Chefnamwlch, rhwng Enlli a godre'r Eifl, rhwng Pwllheli ac Aberdaron, rhwng Nefyn ac Abersoch. Hepian a wnaeth Llŷn erioed, hepian yn bendrwm – hepian yn ei chorsydd brwynog, hepian yn ei gelltydd tywodlyd, hepian yn ei bryniau crwban, hepian yn Llanfaelrhys a Sarn Mellteyrn, hepian yng Nghoed Nanhoron ac Abergeirch, a chysgu'n drwm yn Llanfihangel Bachellaeth.

Nid nad oes bywyd yn Llŷn - rhialtwch a hoen, gorohïan a gorchest. Bydd yn troi yn ei chrud weithiau ac yn ymlafnio'n ymrwyfus, oblegid môr sydd o gwmpas ei chrud, a phan gyfyd y gwynt bydd yn lluchio'r heli drosti, ac fe'i gwelwch wedi'r storm wedi cacennu'n gramen galed ar ei chreigiau. Gellwch flasu'r heli ym mhob cwr o Lŷn, a blasu'r gwynt hefyd o ran hynny - y gwynt fydd yn llechorwedd am ddyddiau wrth Ben Cristin, ac yna'n gyrru ei garpiau cymylau gwyn fel plu'r gweunydd dros greigiau Aberdaron, a chewch eu gweld yn ymgorlannu'n glwstwr gwyn dros rosydd Rhosirwaun, fel gyrr o ddefaid newydd eu cneifio. Yna, daw llatai'r ddrycin - hen gwmwl llwyd, bratiog, a duwch yn ei gesail, i lamhidyddio ei ddychryn dros y gelltydd. Cewch weld ei gysgod yn cerdded y corsydd ac yn dringo'r bryniau, ac yn parlysu'r grug ar Fynydd Cefnamwlch, nes bod eu porffor yn glasu gan ofn. Ac fe dyr y ddrycin - y gwynt yn udo wrth Fynydd Anelog, yn gyrru ei chwiban a'i sgrech i Goed Carreg Plas, ac yn cystwyo'r tonnau ym Mhorth Neigwl - yn chwipio'i gesig gwynion ym Mhorth Colmon, ac yn tabyrddu ei fileindra ar gledrau'r creigiau. Cenlli'r trochion yn llarpio trwy ogofâu ac yn sgwrio'r graig ym Mhorth Tywyn, yn cronni'n ymchwydd byw cyhyrog i ail-ymosod, a'r graig fel paffiwr croenddu yn codi ei hysgwydd wleb o'r lli a'i duwch yn sgleinio fel eboni.

Gŵyr, fe ŵyr Llŷn beth yw ymlafnio yng nghynddaredd drycin a gwargaledu dan frath ei ffrewyll. Edrychwch ar ei choed a'i llwyni drain a'i pherthi eithin – Coed Nanhoron a Boduan, Coed Cefnamwlch a Beudy Bigin – a'u gwarrau wedi'u plygu gan y gwynt. Coed yr ymylon yn tyfu wysg eu hochrau i warchod eu brig rhag dannedd y ddrycin, ac ambell dderwen unig ar gongl gweirglodd yn tyfu'n wargam gnotiog a chreithiau'r gwynt yn wrymiau brith ar ei chroen. Y perthi drain ar Ros Botwnnog a'u gogwydd at Laniestyn, a choed eirin Brynmawr yn plygu i'r un cyfeiriad – wedi hen ddysgu dal eu cefnau i'r gwynt pan fo'r diafol yn corddi Porth Neigwl. A beth am y goedwig fratiog, ridyllog ar Garn Boduan? Yn nyfnder gaeaf pan fo'r brigau'n llwm ac yn noeth cewch glywed y gwynt yn eu sgytian fel swp o esgyrn sychion.

Cloddiau pridd sydd yn Llŷn. Ni ddysgodd ei hamaethwyr hi godi gwaliau cerrig Eifionydd na phlethu gwrychoedd Sir Ddinbych. Hen gloddiau boldew, rhadlon yw cloddiau Llŷn - pob un yn ddigon llydan i natur ei droi yn ardd flodau. Clywais am risiau grawnwin mewn gwledydd pell, ond y mae'n rhaid dod i Lŷn i weld gerddi'n hongian yn llwyfannau brithion uwch y doldir. Llywethau hirion y gwyddfid yn crogi dros eu hymylon; y grug yn clustogi'n dwmpathau porffor ar eu hochrau, a chlystyrau o friallu melyn mawr wrth eu traed. Clychau Mair yn pendympian yn eu glas distaw yn eu ceseiliau, ac ambell i glawdd eithin yn foddfa o felfed melyn ar bonciau heulog. Minaréts y bysedd-cochion a'r gwenyn meirch yn grwnan yn eu cewyll mêl; gwialen Aaron, Crinllys, Gold-y-gord, banhadlen . . . Dyna ran o gynhysgaeth Llŷn . . .

Nid yw Llŷn yn newid. Y mae heddiw fel y bu erioed. Dyna gamp Llŷn, medru aros heb newid er i bopeth arall newid o'i chwmpas. Rhoes y ceffyl le i'r goets fawr, a rhoes y goets fawr le i'r bws, ond yr un yw Llŷn o hyd. Yr un cymeriad sydd i'w phentrefi a'r un naws sydd i'w hawyrgylch. Gwir fod Melin Edern wedi distewi bellach ac nad oes ôl carn mul ar ffyrdd culion igam-ogam y cwmpasoedd, ond y mae'r ffyrdd yno o hyd yn dolennu dros y wlad rhwng cloddiau cartrefol. Penrhyn y llwybrau a fu Llŷn erioed, a phob llwybr a'i ben yn y traeth. Gwir nad oes 'na bysgotwr na saer llongau yn eu troedio mwyach o dŷ i draeth ac o draeth i dŷ, ond y mae'r llwybrau yno o hyd, a rhywun yn eu cadw'n goch - amser efallai.

A dyna'r grug ar Fynydd Cefnamwlch – grug sy'n wahanol i bob grug arall – ei goch yn ffyrnicach, a'i borffor yn ddyfnach, a'i bersawr yn fwy cyfareddol – a'r hen fynydd yn ei wisgo dros ei ysgwydd fel hances sidan, a braidd na theimlech ei fod yn ei chodi'n uwch i fyny at y nos i gadw ei war yn gynnes pan ddaw barrug diwedd Awst i grychu ei wegil. Felly y gwnaeth o erioed.

Nid nad oes rhyw dristwch tyngedfennol mewn gwneud yr un peth yn yr un modd am ganrifoedd - fel digalondid undonog trai a llanw pan fo'r un hen deitiau'n troelli yn yr un hen dyllau crancod. Ond tristwch neu beidio, nid Llŷn fyddai Llŷn hebddo. Yr un hen rimyn melyn o dywod rhwng y graig ddu a glas y môr ym Mhorth Dinllaen, ac ni ddeuwch byth i'w olwg dros y dorlan na chael sbec slei arno o glychau'r gelltydd heb deimlo mai felly y bu erioed . . .

Griffith John Roberts (*Y Genhinen*, 1956)

Ganwyd Griffith J. Roberts (1912-69) yn Arwenfa, Afon-wen, Eifionydd. Enillodd radd B.A. ac M.A. ym Mhrifysgol Bangor, lle bu'n ddarlithydd ym mlynyddoedd 1935-36. Bu'n rheithor yn Nantglyn, Dinbych o 1945 i 1948, ac ar ôl hynny ym Mellteyrn, Botwnnog a Bryncroes o 1948 i 1951. Yn ddiweddarach bu'n ficer ym Mlaenau Ffestiniog, ac yna Conwy a'r Gyffin, yn Nyffryn Conwy. Enillodd y goron yn Eisteddfod Genedlaethol Bae Colwyn 1947 am ei bryddest 'Glyn y Groes'. Roedd yn awdur nifer o lyfrau, ac yn ddarlledwr cyson ar y rhaglen radio 'Wedi'r Oedfa', ar nosau Sul yn chwedegau'r ganrif ddiwethaf. Un o Forfa Nefyn oedd Margaret, ei briod, merch i Owen ac Elizabeth (Williams) Morris. Claddwyd G.J. Roberts ym Mynwent Abergwyngregyn, ger Bangor.

Llŷn

Gwas o Lŷn ar ben Moel Tryfan,
Ydwyf fi, mor brudd â'r wylan;
O, mae nghalon bron â thorri
Wrth weld brigau'r Eifl yn nosi;
Gwyn fy myd pe cawn orffwyso
Hanner awr yn Llithfaen heno.

Dringo'r Eifl ryw hafnos dirion
Wnaeth i mi fynd yn afradlon;
Mynnais adael bro fy nhadau,
Mynnais weled bro'r chwarelau;
Pe cawn esgyn acw heno
Byddai'm hwyneb ar Fynytho.

Tryfanwy

Dim ond si y Pistyll gloyw
Ddaw a gwen fy ngrudd yn hoyw, –
Gweled glesni Mynydd Nefyn
Bair i'm henaid garu'r delyn, –
Ni ddiflanna'm holl helbulon
Oni welaf Goed Nanhoron.

Petae'r Eifl yn croesi'r eigion
Efo'r llong â'r hwyliau gwynion,
Mi gawn weled llawer bwthyn,
Welais ganwaith pan yn blentyn;
A chawn weled Gwynys dawel
Gyda'i ffriddoedd yn yr awel, –
Dan y mynydd grug, fan honno,
Mae un annwyl imi'n huno.

J.R. Tryfanwy (o *Cymru*, 1907)

Ganwyd John Richard Williams, 'Tryfanwy' *(1867-1924) yn Tan y Manod, Rhostryfan, Arfon, yn fab i Owen a Mary Williams (dau o Lŷn). Bu'n ddall ac yn fyddar ers pan oedd yn blentyn. Yn 1880 symudodd y teulu i Dyddyn Difyr, ar lethr Moeltryfan. Bu farw ei dad mewn damwain a dychwelodd yntau gyda'i fam yn eu hôl i Dan y Manod. Gadawyd ef yn amddifad a magwyd ef gan fodryb ym Mhorthmadog, lle treuliodd gweddill ei oes.*

Ymddangosodd llawer o'i farddoniaeth mewn gwahanol gylchgronau Cymraeg ei gyfnod, yn arbennig yn Cymru, O.M. Edwards. Enillodd ddeg o gadeiriau eisteddfodol gan gynnwys rhai'r Eifl; y Ddraig Goch, Lerpwl ac ym Môn a Fflint. Cyhoeddodd ddwy gyfrol o'i farddoniaeth: Lloffion yr Amddifad *(1892) ac* Ar Fin y Traeth *(1910).*

PWLLHELI

Yr Eliffant a Chastell, arfbais tref Pwllheli, arwyddlun hynod a ddefnyddiwyd yn arfbais hefyd gan ddinas Coventry, Swydd Warwick, Lloegr, yn ogystal â benthyca ei enw i ardal yr Eliffant a Chastell, dinas Llundain, a hynny mae'n debyg oherwydd y cysylltiadau â Chwmni Cutlers.

Darganfuwyd y sêl gan deulu Madryn yn 1857.

Twf Pwllheli

O ddiwedd y flwyddyn 1898 hyd fis Rhagfyr 1952, argraffwyd papur newydd wythnosol Cymraeg gan Wasg Richard Jones, 74 Stryd Fawr, Pwllheli, sef Yr Udgorn. Udgorn Rhyddid fu enw'r papur am ddegawd cyn 1898. Yn rhifyn 9fed Mai, 1945, ymddangosodd yr eitem ddiddorol isod yn dwyn y pennawd 'Twf Pwllheli'. Ni roddwyd enw'r awdur.

Mewn erthygl ar hanes Pwllheli yng nghyfrol *Trafodion Cymdeithas Hanes Sir Gaernarfon*, dywed Mr T. Jones Pierce, M.A., Bangor (sy'n hanu o'r dref) bethau diddorol amdani. Wrth drafod gweinyddiad a llysoedd y dref nodir rhai o'r pethau y cwynid o'u plegid yn yr hen, hen amser. Rhybuddiwyd y 'Bwtsieriaid' ac eraill o'r dref rhag y drwg arfer o ladd gwartheg ar ganol y stryd. A chafwyd cwyn mwy modern yn erbyn John Thomas o Penygongl, sef iddo gau llwybr troed a arweiniai o Stryd Penlan trwy dir a elwir y Gadlys i Penmount. A phan fyddai ffair yn y dref cynhelid llys arbennig i ddelio â phob anghydfod rhwng gwerthwyr a phrynwyr yn y fan a'r lle ac i drafod y rhai a darfai ar yr heddwch. Ni fyddai sôn am Faer ym Mhwllheli yn yr Oesau Canol canys ni châi'r bwrdeiswyr ddewis neb ond Sais i'r swydd honno, ac nid oedd Saeson mor dderbyniol ym Mhwllheli bryd hynny, ac ni fyddai Maer yn cyfrif rhyw lawer ym Mhwllheli cyn 1835. Nid oedd poblogaeth Pwllheli yn 1547 ddim ond yr un faint yn union ag un 1284, sef un teulu ar hugain. Ond cododd rhif y teuluoedd i 36 erbyn 1565, a mwy na dyblodd y boblogaeth yno erbyn 1590. Roedd Pwllheli yn dod yn ganolfan busnes Llŷn ac Eifionydd. Yn raddol yr oedd y Stryd Fawr yn dod i fod tua'r lle y mae'n awr a Phenlan (a oedd yn ben y lan mewn gwirionedd y pryd hynny) yn mynd yn ganolfan forwrol y fwrdeistref. Ond oddeutu 1600 y dechreuodd y môr afael ym mhobl Pwllheli a Llŷn. Nid oedd gan Bwllheli ei llong ei hun yn 1566 a thri morwr oedd yn y dref yn 1589. Ond fel y tyfai morwriaeth onest, aed i smyglo hefyd trwy Ynysoedd Tudwal ac Enlli a chyda help yr ysweiniaid. Yn 1580, un siop oedd ym Mhwllheli. Erbyn oddeutu 1600, yr oedd pump. Ymysg tafarnau yr oedd Tafarn Penlan. Ac yr oedd traddodiad newydd o fusnes yn codi ym Mhwllheli, a'r hen elyniaeth rhwng Pabyddion ac eraill yn darfod a'r cyfnod modern yn gwawrio.

Stryd y Moch, Pwllheli

Os bu cenfaint foch yn trigo
Am flynyddoedd yn ei chefn,
Nid gwlad Gaderniaid ydoedd,
Er mor dlodaidd a di-drefn;
Bywyd syml a dirodres
Ydoedd ei hamgylchedd hi,
Erys hon yn gysegredig,
Dyma'r fan lle ganwyd fi.

Cymeriadau hynod drigai
Yn yr heol annwyl hon,
Yn y pen roedd Siop John Dafis,
Maelfa pob danteithion bron;
Hefyd Captan Jones, 'Vigilant',
Ar ôl morio gyfnod maith,
Fu'n llawn hwylia a'i arabedd
Yn ei siop hyd ben y daith.

Pwmp Stryd Moch, mor felys cofio
Am ei ddyfroedd fel y gwin,
Ond rhyw adyn mewn cenfigen
Drodd ei ddŵr yn baraffin;
O hyn allan rhaid oedd myned
I gael dŵr o Bwmp Stryd Fawr
Pwced ar y dde a'r aswy
Digon baich i unrhyw gawr.

Golwg guchiog Morus Barbar,
Yn ei gell mewn siaced wen
Oedd yn arswyd pan oedd angen
Torri 'ngwallt, rhag torri 'mhen;
Ofni William Huws, y Plisman
Gyda'i bastwn fel yr ordd,
Pan ag eraill mewn direidi
A'r hen garchar tros y ffordd.

Gwesty oedd y fangre annwyl
Lle y gwelais olau dydd,
Crefyddoldeb oedd y rhinwedd
A deyrnasai yno'n rhydd;
Modryb Ffan a F'ewythr William
Nid â'n ango hwy a'u moes,
Drwy ddylanwad mam a hwythau,
Cefais nerth ar hyd fy oes.

Dim ond mynd tros drothwy 'nghartre
Ar ddydd Mercher yn mis Mai,
Gwelwn stondings hyd yr heol,
Pawb yn gwerthu mwy neu lai;
Merched Llŷn a'u nwyddau maethlon,
Ieir a chwiaid a moch bach,
Sŵn y rheini, er aflafar,
Miwsig oedd i hogyn iach.

Un o ryfeddodau'r heol
Ydoedd, i'm dychymyg i,
Cerrig milltir gyrfa bywyd
Rhai a aethant gyda'r lli;
Megis Ysgol Sul a thafarn,
Carchar, tloty, Dr Tom,
Meddyginiaeth hwnnw'n methu,
Ac o'r diwedd mynwent lom.

Melys cofio am Siop Frederic,
Aml geiniog aeth i hwn,
Am gacennau llawn o gyrans,
Nid oedd well mewn byd mi wn;
Mamaeth enwog yn yr heol
Ydoedd Betsan Roberts lon,
Am iachau pob dolur gwddw,
Nid oedd neb yn well na hon.

Pwy mor lân â Johnny Crawley,
Yn ei siop o lestri te?
Pwy mor ofnus ag oedd yntau,
Pan aeth tarw i mewn i'r lle?
Trwy y drws fel tarw Basan,
Rhuthrodd gyda thwrw mawr,
Drwy y ffenest neidiodd allan –
Llestri'n deilchion hyd y llawr.

Nid yw'r ganig hon yn gyflawn
Heb awgrymiad am Siop Bach,
Aeth yn fawr ac enwog hefyd
Am ei physgod ffres ac iach;
Hardd yw'r môr ar draeth Pwllheli,
A chreigleoedd Abersoch,
Ond mil gwell i mi atgofion
Am helyntion hen Stryd Moch.

John Hugh Thomas, 1880

*Ganwyd John H. Thomas yn Stryd y Moch, Pwllheli. Bu oddi cartref am
dros hanner can mlynedd - yn Lloegr, Unol Daleithiau America a de
Cymru. Oherwydd y cefndir Saesneg a phrysurdeb byd masnach drwy
y rhan fwyaf o'i oes, ni chafodd mo'r cyfle i ddatblygu ei dalent
barddonol cymaint ag y buasai ef wedi ei ddymuno. Ymysg rhai o'i
gerddi eraill yn ymwneud â'i dref enedigol yr oedd: Ffair Pentymor,
Hogia'r Dre, Cloc yr Efail, Shôn Cranc, Y Dyn Mwyar Duon a Pwllheli
Lân.*

Dyddiau fy Mhlentyndod ym Mhwllheli

Lle iawn i hogyn dyfu i fyny ynddo ydoedd Pwllheli. Y mae yno fôr, a glannau hyfryd i ymdrochi, harbwr a chychod, pysgotwyr a morwyr. Dywedodd llawer o'r bechgyn a oedd gyda mi yn yr ysgol 'môr, môr i mi'. A byddai llawer o'r pysgotwyr yn mynd am y gaeaf i wasanaethu mewn llongau mawr a theithio i eithafoedd y ddaear. A byddem ni y bechgyn lleiaf yn gwrando, â'n cegau yn agored, ar y rhain ar ôl iddynt ddychwelyd, yn siarad am Antwerp, a Hamburg, Rio de Janeiro, a Buenos Aires fel pe baent yn y stryd nesaf. Rhywfodd rhywsut, cefais syniad yn gynnar iawn fod y byd yn llawer mwy na thref Pwllheli!

Ond yr oedd Pwllheli yn dref marchnad i wlad gyfoethog Llŷn, a gellid mynd allan i'r wlad gydag ychydig iawn o gerdded. Roedd diwrnod marchnad yn un pwysig i hogia'r dref. Onid oedd cyfle i weld rhes o droliau yn llawn o foch bach, ac amheuthun oedd ceisio dal un ohonynt pe llwyddai i weithio ei ffordd allan dan y rhwyd oedd dros y drol. Ac yna ar ddiwrnod ffair (ac ar y stryd y byddai'r gwerthu) yr oedd cyfle i ennill ambell geiniog am gynorthwyo ffarmwr neu borthmon i yrru'r gwartheg, a'r defaid a'r moch i'r hen stesion – sydd yn awr yn 'goods yard'. Ac yna byddai dyddiau hyfryd i fynd i'r Gelli i nôl llaeth enwyn, i hel briallu, a chnau, a mwyar duon yn eu pryd. Ac yn yr haf mynd i dreulio gwyliau gyda fy ewythr yn Edern, ond y 'thrill' oedd cael mynd ar ben 'coach y Tocia' a thri, ac weithiau bedwar, o geffylau graenus yn ei thynnu. Roedd Edern yn bell y dyddiau hynny ac Aberdaron ymhen draw y byd.

Roedd yn y dref lawer o dlodi a byddai llawer allan o waith am ysbeidiau; ac er bod fy nhad heb waith yn y gaeaf, bu gofal fy mam ddarbodus yn gysgod rhyngom â'r gwaethaf. Bywyd cyfyng, caled, heb foethau ydoedd. Darllenai fy nhad lawer yn y dechreunos, ac aem i'n gwelyau yn gynnar – i arbed tân a golau.

Roedd Ysgoldy Cenhadol y Traeth wrth ddrws cefn ein tŷ. Diolch i Dduw am y gwŷr a'r gwragedd o eglwys Penmount a lafuriai yno. Byddai'r blaenoriaid yn dod yno yn eu tro – D. Lloyd Jones (1858-1932) a'i frawd William Picton Jones (1865-1954) oedd y ffefryn – yr oedd yn un da am ddweud stori. Coffa da am y gŵr annwyl a fu am flynyddoedd lawer yn dysgu Dosbarth yr A.B.C. ac am athrawon diwyd. Byddai oedfa bore a hwyr, a chyfarfodydd yn yr wythnos, ac awn iddynt oll. Ni allaf enwi ond dau o lu mawr o weithwyr selog, sef Mr Cornelius Roberts (1869-1953) a Mr Josiah Williams (1875-1951).

Cof plentyn sydd gennyf am y Diwygiad, ond gwelais Mr Evan Roberts yn Town Hall (1905) a'r lle dan ei sang. Braint oedd cael y Parch. J. Puleston Jones (1862-1925), ysgolhaig a sant, yn weinidog ac yn gyfaill, a chael fy nerbyn yn aelod cyflawn ganddo ef.

W.R. Williams, *Trysorfa'r Plant*, 1960

Roedd y Parch. William Richard Williams (1896-1962) yn fab i Richard (m. 1912, 66 oed) a Catherine Williams (m. 1931 yn 75 oed), 59 Y Traeth, Pwllheli. Bu'n fyfyriwr yng Ngholeg Lincoln, Rhydychen. Cafodd ei ordeinio yng Nghydweli yn 1921. Bu'n weinidog ar Eglwys Gymraeg Bethel M.C. Tregwyr, ac yna gyda'r Saeson yn Eglwys Argyle, Abertawe. Penodwyd ef yn brifathro Coleg Diwinyddol Aberystwyth yn 1949. Etholwyd ef yn Llywydd y Gymanfa Gyffredinol yn 1960, ac yn Llywydd Cymdeithasfa'r De yn 1962.

Ffynnon Felin Fach

Y Felin Fach, Pwllheli, ar gwr y dref. Anfarwolwyd y ffynnon yn dwyn yr un enw gan Cynan, yn un o'i bryddestau mwyaf poblogaidd sef 'Mab y Bwthyn'. Yn y llun isod y mae Einir (4 oed) a Haf (2 oed), plant Mr a Mrs D.H. Evans oedd yn cartrefu yn Felin Fach, yn ôl ym mhumdegau hwyr neu y chwedegau cynnar o'r ganrif ddiwethaf, dyddiad y tynnwyd y llun. Isod, ceir englynion gan y diweddar Gwilym R. Tilsley, a ddarllenwyd ar achlysur ail-agor y ffynnon. Bu'r seremoni hwnnw ddydd Iau, Ebrill 25, 1968.

> O flaen byd daw'r Felin Fach – yn hoff fan
>   Am ei Ffynnon bellach,
> Llefara'i holl ofer iach
>   Am awen Cynan mwyach.

> Byw byth i Fab y Bwthyn – oedd dyfroedd
>   Difreg yr hen lecyn,
> Sibrydent o gof plentyn
>   Am fyd gwell, am fywyd gwyn.

> Gorffennol ger y ffynnon – a gofiai
>   Yn ei gyfyng droeon,
> Llifai'n gordial i'w galon
>   Foroedd hedd o ddyfroedd hon.

> Safwn, a da yw sefyll – i gofio
>   Am gyfoeth y pistyll,
> I dystio y pery'r distyll –
>   Nid 'run dŵr ond yr un dull.

Tyrpeg

Yn 1663 yr aeth mesur y ffyrdd tyrpeg drwy'r Senedd, ond fe aeth mwy na chan mlynedd heibio cyn bod fawr ddim yn digwydd yng Nghymru.

Uchod gwelir darlun o dŷ Tyrpeg i'n hatgoffa o'r amserau cynhyrfus hynny yn y ddeunawfed ganrif, cyfnod y 'deugeiniau newynllyd' fel y'i gelwid. Safai y Tyrpeg ar y brif ffordd sydd yn arwain allan o Bwllheli, sef pendraw Yr Ala. Y tu ôl iddo deuai afonydd Penrhos a Rhyd Hir i gyfarfod ei gilydd i ffurfio afon Talcymerau.

Diau mai Ymddiriedolaeth Porth Dinllaen fu'n gyfrifol am ei redeg. Ond hawdd y gellir dychmygu y porthmyn yn ei osgoi yn yr hen ddyddiau, drwy droi yn Efailnewydd, sef y pentref agosaf, a newid cyfeiriad am ffordd Deneio. Byddai'r gost o fynd heibio'r Tyrpeg yn rhy uchel, swllt a thair ceiniog am ugain o ychen neu ddefaid, a thua swllt am geffyl a throl. Ers degawdau bellach dymchwelwyd y Tyrpeg a rhoddwyd cylchfan yn ei le.

PENRHOS

Haul a Chysgod y Diolchgarwch ar Erwau Llŷn

Un a gartrefodd am flynyddoedd ym Mhlas Newydd, Penrhos, ac a fu'n hynod o boblogaidd, a pharch mawr tuag ato ymysg trigolion y pentref, yn Llŷn, a thu hwnt ymhell, oedd yr Arglwydd Goronwy O. Roberts a'i deulu.

Ganwyd ef yn Bethesda, Sir Gaernarfon, yn 1913. Cafodd yrfa eithriadol o academaidd disglair yng Ngholeg Prifysgol Gogledd Cymru, Bangor. Daeth yn Aelod Seneddol Llafur dros ei sir enedigol yn 1945, pan orchfygodd Uwchgapten Goronwy Owen, Aelod Seneddol Rhyddfrydol y sir ers 1923.

Roedd Goronwy Roberts yn un o arweinwyr amlycaf mudiad Senedd i Gymru yn ystod pumdegau cynnar y ganrif ddiwethaf, ac ef oedd yn bersonol gyfrifol am gyflwyno'r ddeiseb i'r Senedd ym mis Mai 1956.

Gwasanaethodd yn yr Adran Addysg a Gwyddoniaeth, y Swyddfa Dramor a Threfedigaethol, a hefyd y Bwrdd Masnach. Yn dilyn colli ei sedd yn Sir Gaernarfon, yn Chwefror 1974, fe'i hanrhydeddwyd ef yn syth drwy ei wneud yn Arglwydd, a gwasanaethodd gydag anrhydedd yn y Swyddfa Dramor o dan George Brown yn ystod llywodraethau George Wilson a James Callaghan. Roedd ef hefyd yn Ddirprwy Arweinydd yn Nhŷ'r Arglwyddi o 1975 i 1979. Bu farw yn gynamserol yn 67 oed ym mis Gorffennaf 1981, a'i gladdu ym Mynwent Capel Bethel (M.C.) Penrhos.

Ar wahân i'w fywyd prysur ym myd gwleidyddiaeth, sicrhaodd bob cyfle rhydd oedd ganddo i fod o wasanaeth i Gapel Bethel, Penrhos. Yno yr addolai'r teulu, ac y bu yntau yn dal y swydd o flaenor am nifer o flynyddoedd.

Yn yr erthygl ddilynol y mae Goronwy Roberts yn ein tywys yn ôl i'r cyfnod pan oedd y Llun Diolchgarwch yn parhau mewn bri, yr amser cyn y degawdau a ddilynodd o ddileu'r dydd Llun traddodiadol a neillduo'r ŵyl i'r Sul, neu hyd yn oed ei dileu yn gyfan gwbl mewn rhai ardaloedd wedyn . . .

* * *

Buasai'n wythnos o law a chorwynt, o lifogydd a niwl, ond gwawriodd Dydd Diolchgarwch ar ryw lonyddwch euraid. Yn y bore cynnar, yr oedd y byd yn

Capel Bethel (M.C.), Penrhos

newydd er heneiddio o'r flwyddyn. Ar fôr a mynydd, tywynnai haul melyn, gan ddyfnhau glesni'r bae ac amrywio ysblander y dail. Y mae prydferthwch i wanwyn, ond harddwch i hydref.

Yn yr encil bendithiol hwn o Gymru, y mae'r boreau o hyd yn lanwaith, heb fwg i bylu grisial y gwlith, na chwyrnu cyrn moduron i darfu ar bibau'r adar. A thu hwnt a thu draw i dawelwch natur, y mae yna o hyd serenedd bore Sul a chyffro diddan y Pasg, y Sulgwyn, y Nadolig, a'r Dydd Diolchgarwch. Y mae yma wahaniaeth rhwng dyddiau a chyfle i brofiad godi o lawr dyddgwaith i fryniau defosiwn. A dyna destun y diolch cyntaf.

Roedd Bethel yn dlws o dan yr haul. Y mae pob Bethel yn dlws. Y sawl a feirniado eu saernïaeth, heb adnabod y Pensaer y maent. Saif y capel bychan yng nghanol Gwlad Llŷn fel petai wedi tyfu o'r tir, fel yn wir y gwnaeth. Edrychai'n fwyn a gweddaidd o dan gaenen o baent newydd gwyn. Bu'r tri bachgen pymtheg oed yn effeithiol wrth y gwaith o 'roddi côt newydd i'r capel'.

Yn oedfa'r bore, yr oedd cynifer a 52 yn bresennol, ac nid yw'r aelodaeth gyfan ond rhyw 80. Y mae diolch am y cynhaeaf yn golygu rhywbeth i gynulleidfa wledig.

Dechreuwyd gan Mr Thomas, Muriau. Darllenodd hanes gwinllan Naboth. Darllenodd, fel bob amser, yn ystyriol a lliwgar. Dilynwyd ef gan un o gewri'r achos yn ne Arfon, Mr Evan Hughes, a weddïai gyda'r tinc gwirioneddol hwnnw a ddaw yn naturiol i ddyn da. Ac arweiniodd Mr R.H. Thomas ni i feddwl am rai sydd eto'n newynnu yng nghanol digonedd Duw oherwydd dicllonedd dynion.

Llathrai'r haul drwy'r ffenestri uchel, gan sirioli'r cyfan. Yn y canu melys, geiriau cyfarwydd yr emynau, symlrwydd a chyfoeth y gweddïau teimlai pawb eu bod yn ychwanegu at olud hiraethau y dyfodol. Yr wyf yn gobeithio fod hyn yn arbennig wir am y plant, sef eu bod heddiw'n ffroeni achlysur annwyl a ddaw yn ôl iddynt ymhen blynyddoedd fel adfyrdod cynhaliol.

Ar derfyn yr oedfa, ymdroai'r bobl i sgwrsio â'i gilydd ger y pyrth. Ciliodd yr haul erbyn hyn, ond arhosai naws hydrefol y dydd. O'r festri deuai sŵn y plant a oedd eisoes wedi dechrau ymarfer ar gyfer y pnawn.

Oblegid hwy oedd biau'r pnawn. Yr oeddynt yno yn eu nerth am ddau o'r gloch. Yn wir, yr oedd 69 o bobl yn bresennol.

Yn oedfa'r hwyr, y capel yn bur llawn. Darlleniad ystyriol eto gan fy nghymydog, yr adeiladydd; graslonrwydd syml a hollol onest ffermwr Gellidara; a dwyster myfyriol W.O.J. Y canu'n codi'n gyfoethog o drigain o enau:

> Nef a daear, tir a môr,
> Sydd yn datgan mawl ein Iôr;
> Fynni dithau, f'enaid fod
> Yn y canol, heb ddim clod?'

A dyna derfyn un Dydd Diolchgarwch arall. Beth yw swm y profiad? Ai arfer yw'r cyfan, yntau a oes rhyw gymhelliad anorfod ynom i roddi diolch am a gawsom? Beth am y miliynau sy'n mynd i'w gwelyau heb fwyd heno, rhai i gysgu am byth? Beth am y creadur yn y gell, a'r cyhuddiad o lofruddio cydddyn yn hongian uwch ei ben? Beth wnawn ni ag ef? Ei grogi? Yntau ei fflangellu? A ddiolchai Duw i ni am hynny?

Cysgodion yw'r rhain. Tueddwn i anghofio'r haul, ac mai prawf o fodolaeth yr haul yw pob cysgod. Erbyn imi gyrraedd y tŷ, y mae rhywun ar y teliffon. Y mae sŵn balchder yn ei lais. 'Ydych chi'n cofio'r eneth wnaeth ddwyn yr arian?' Nag ydwyf. Nid wyf hyd yn oed yn cofio ei henw. Ond y mae ef yn cofio. Oblegid oddi arno ef y dwynodd y ferch nerfus, ffwdanus y mymryn arian. Ac y mae am roddi ei gwaith yn ôl iddi. 'Mae'n sicr ei bod yn falch o glywed?' 'Ydi, ond . . . yr wyf fi yn falchach na hi.'

Wyt yn sicr, a gwyn dy fyd i ti gael y fath deimlad ar Ddydd Diolchgarwch. Roedd yr haul allan fore heddiw, a mynnodd ddod allan heno hefyd.

Goronwy O. Roberts, *Y Cymro*, Hydref 1961

Y Parch. J. Gwenogfryn Evans, M.A.

Ei garreg fedd ef a'i briod

LLANBEDROG

Rhyfeddod y Bedd Unig yn y Graig

Fe fu pobol ar hyd y canrifoedd yn awyddus i bererindota i ymweld â bedd rhywun o fri, arferiad sydd yn parhau o hyd heddiw. Gwaetha'r modd nid yw'n bosibl llwyddo i gyrraedd a gweld ambell i feddrod, gan fod drain a mieri yn cuddio y man cysegredig hwnnw bellach. Cafodd sawl un ohonom siom wrth gyrraedd giât ambell i fynwent a gweld nad oes yna neb i ofalu am gadw'r bedd yn lân a thestlus mwyach. Wrth gwrs y mae yna eithriadau, megis beddrod Ellis Owen, yr hynafiaethydd, yn Ynyscynhaearn; Robert ap Gwilym Ddu yn Abererch; a'r man y gorweddai gweddillion D. Lloyd George yn Llanystumdwy, ynghyd â nifer o fannau eraill led led Cymru a thu hwnt.

Onibai i chwi fod yn byw yn Llanbedrog a'r ardal gyfagos, ni ellid yn hawdd ddarganfod bedd y Parch. Dr John Gwenogfryn Evans (1852-1930), yr ysgolhaig. Erbyn heddiw nid oes yna ryw lawer o arwyddion i ddangos y ffordd nac ychwaith lwybr hwylus i dramwyo at y fangre. Pan y bu ef farw ar Fawrth 25, 1930, fe'i claddwyd ef mewn bedd oedd wedi ei dorri yn y graig gerllaw hen Blasdy Penarwel, yn Llanbedrog. Roedd wedi paratoi y bedd iddo'i hun a'i wraig, flynyddoedd ynghynt. Dewisodd y garreg fedd ei hun, carreg oedd yn pwyso tua dwy dunnell, wedi ei chludo o'r traeth cyfagos yng Ngharreg y Defaid. Talodd swllt i Mr Solomon Andrews (1834-1908) amdani. I rwystro'r defaid a'r gwartheg pryd hynny, rhag mynd at y bedd, saethwyd ochrau'r graig i'w gwneud yn serth mewn mannau, a thorrwyd hafn ddofn ynddi mewn man arall.

* * *

Ganwyd J. Gwenogfryn Evans ar Fawrth 20, 1852, ger Ffynnon Felfed, plwyf Llanybydder, Sir Gaerfyrddin. Pan oedd tua blwydd oed symudodd ei rieni i Llanwennog, Sir Aberteifi. Derbyniodd ei addysg gynnar yn yr ysgolion lleol ac yna Ysgol Ramadeg Rhydowen, Pont-siân. Bu'n brentis groser am bedair blynedd gyda'i ewythr yn Llanbedr Pont Steffan.

Yn ddeunaw oed, yn dilyn damwain, bu'n paratoi ei hun ar gyfer y weinidogaeth yng Ngholeg Presbyteraidd Caerfyrddin. Ordeiniwyd ef yn weinidog gyda'r Undodiaid yn 1876, yng Nghapel Parc-y-felfed, Caerfyrddin. Blwyddyn ar ôl hynny symudodd yn weinidog ar eglwys yn Preston, Sir Gaerhirfryn, ac ar yr un flwyddyn (1877) priododd gydag Edith, merch i'r Parch. a Mrs Stephenson Hunter, prifathro y Coleg Presbyteraidd yng Nghaerfyrddin.

Yn 1880 collodd ei lais a bu'n rhaid iddo roi i fyny ei ofalaeth. Bu'n fregus ei iechyd ers dyddiau ei blentyndod mewn canlyniad i ymosodiadau o dwymyn yr ymysgaroedd arno. Hwyliodd am Awstralia, a chreodd yr ymweliad hwnnw ei ddiddordeb mewn argraffu a golygu.

Ar ôl hynny bu'n weinidog am gyfnod yn Rhydychen, Lloegr, lle y symbylwyd ef gan ddarlithiau Syr John Rhys (1840-1915), yr ysgolhaig Celtaidd, i astudio a chodi y testunau cynnar yn Llyfr Coch Hergest (1887). Torrodd dir newydd mewn atgynhyrchu llawysgrifau drwy gyfrwng dyfeisiau teipiograffyddol ac fe'i anrhydeddwyd gyda'r radd M.A. gan Brifysgol Rhydychen yn 1887. Enillodd radd D.Litt yn ddiweddarach yn yr un prifysgol, a hefyd Prifysgol Cymru.

Yn 1894 penodwyd ef yn arolygydd dogfennau Cymraeg i'r Comisiwn Llawysgrifau Hanesyddol, a bu yn y swydd hyd 1906. Daeth yn olygydd llyfrau a llythyrau Cymraeg ac yn un o aelodau mwyaf blaenllaw pwyllgor a sefydlodd y Llyfrgell Cenedlaethol Cymraeg, Aberystwyth. Symudodd o Rhydychen i Neuadd Tremfan, ac yna Plasty Penarwel (y ddau le ond tafliad carreg oddi wrth ei gilydd), yn Llanbedrog, dau le a gynulliodd ef ei hun. Gosododd argraffwasg-law yno, lle bu'n argraffu nifer o'i waith personol ynghyd ac awduron blaenllaw Cymraeg eraill. Daeth ei waith a'r llyfrau a argraffwyd ganddo, e.e. Llyfr Du Caerfyrddin yn werthfawr. Trosglwyddwyd ei gyhoeddiadau i'r Llyfrgell Cenedlaethol yn dilyn ei farwolaeth ar Fawrth 25, 1930 yn 78 mlwydd oed. Rhagflaenwyd ef gan Edith, ei briod, yn 1923. Yr oeddynt yn rieni i dri o blant, dau o feibion, ac un merch.

(*Y Cymro*, 1961)

MYNYTHO

Hen Ŷd y Wlad

Roedd Mary Evans, Bodelen, Parciau, Mynytho, yn chwaer hoffus iawn, un addfwyn a thyner ei hysbryd, ac yn siriol a llawen mewn cwmpeini. Hyfryd byddai cael sgwrsio â hi, a hithau wrth ei bodd yn cael mynd a rhywun yn ôl dros orwelion amser, yn arbennig i ddyddiau llencyndod ac at rai o hen gymeriadau anwylaf y fro, y cafodd hi'r fraint o'u hadnabod hwy dros gyfnod maith.

Pan ddechreuodd weini yn 14 mlwydd oed, un o'i gorchwylion cyntaf hi oedd paratoi bwydydd, fel llymru, brywes a phicws mali – dyna'i harbenigrwydd. Bu'n neilltuol am ei chroeso a'i lletygarwch, hi oedd brenhines yr aelwyd. Aelwyd lle yr oedd drws agored bob amser, a'r croeso yn un didwyll – un mwyn a chynnes iawn, dyna oedd aelwyd Bodelen. Roedd yn ymgorfforiad o garedigrwydd a chymwynasgarwch, a chai bleser a boddhad o weini ar eraill, a rhoi, a chynorthwyo lle y byddai yr angen. Doniwyd hi hefyd, fel ei brawd, Christmas Evans, y tenor, gyda llais peraidd. Hoffai ganu, a chanu a wnâi nid yn unig nac yn gymaint o'r genau ond o'r galon.

Bu Mary Evans farw ar Fedi 13, 1985, yn 88 oed, wedi wyth mlynedd o afiechyd a'i cadwodd hi'n gaeth i'w gwely. Claddwyd hi ym Mynwent Eglwys Llangian, yn sŵn caniadau adar Medi, ac yng nghynhesrwydd heulwen haf gyda'r Parch. Griffith T. Roberts, Botwnnog yn gwasanaethu.

W. Arvon Roberts (*Y Gwyliedydd*, Hydref 1985)

Rhai o rysaitiau Mary Evans

Mary Evans

Brywes: Rhodder ychydig o ddŵr a halen a phupur mewn bowlen a'i droi. Yna tywallter bara ceirch, wedi ei falu, iddo yn ara deg. Wedyn toddi saim a'i roi ar y wyneb. 'Bydd rhai yn rhoi'r saim yn y gwaelod' meddai Mary Evans, 'ond mae'n well gen i frwyes wedi rhoi'r saim ar ei wyneb bob amser. Mae'r saim felly yn mynd i lawr trwyddo.' Fe'i bwytir yn gyffredin hefo llaeth-enwyn ar ei wyneb.

Llymru: Rhoi chwart o laeth-enwyn, ac ychydig ddŵr oer am ben pwys o flawd ceirch a'i adael yn wlych am dri diwrnod a thair noson. Yna, ei hidlo a berwi'r gwlybwr am awr gron gyfan gan ei droi yn gyson. Ei adael i setlo – a dyna lymru. Mae'n awr yn barod i'w fwyta hefo llefrith. Bydd rhai yn rhoi siwgwr ar ei wyneb – ond mae'n well gan eraill ei fwyta heb siwgwr.

Cydnabyddir bod llymru yn un o'r pethau gorau dan haul i setlo'r stumog. Ac oni fuoch erioed yn profi peth ohono, peidiwch a dweud Acyfi!

Sican Gwyn: Rhoi blawd ceirch yn wlych am bedwar diwrnod neu ragor mewn cymysgfa hanner yn hanner o ddŵr a llaeth-enwyn. Yna, ei hidlo a rhoi ias o ferw arno. Ychwanegu sunsur a siwgwr wedyn, a'i dywallt am ben bara wedi ei falu. Rhoi ias o ferw ar hwnnw drachefn – a dyna fo'n barod i'w fwyta.

Erbyn hyn y mae'r hen ddanteithion wedi colli tir yn arw ond bydd Mary Evans yn parhau i drio llaw ar eu gwneud o dro i dro . . . Bydd yn cystadlu arnynt yn Sioe Flynyddol Mynytho bob haf . . . ac yn enillydd cyson yn yr adran honno.

(*Y Cymro*, 1950au)

44

Hymnau a Thonau Cynulleidfaol *gan R.H. Meredith, Chicago, 1898*

Ganwyd John T. Jones (1861-1945) neu 'John Chicago' fel y gelwid ef ar lafar gwlad, yn Tan-y-Greigwen, Mynytho. Bu'n dilyn ei alwedigaeth fel saer maen cyn iddo ymfudo i Chicago yn 1889. Bu'n gweithio fel fforman ar amryw o brif adeiladau'r ddinas honno a'r ardal cyfagos. Roedd yn llenor gwych, yn gerddor medrus ac yn fardd swynol. Cyhoeddwyd tua 780 o ysgrifau ganddo yn Y Drych, papur Cymry'r America, dros gyfnod o hanner can mlynedd a mwy.

W. Arvon Roberts, (*Y Casglwr*, Haf, 2005)

Ynysoedd Tudwal

Capel Annibynwyr, Abersoch

ABERSOCH

Hafan Sant Tudwal

Hen Dudwell! rhyw nodedig – hafan – wyt –
    Neifion wnei yn ddiddig!
    Rhuthriadau ei donnau dig
    Wareiddia'th gôl fawreddig.

O dlws le! Hudolus lan – fel Eidal,
    Wyt yn flodyn anian;
    Gwamal fôr, gydag aml fan
    I'w canmol fwy nac unman.

Gwlad Llŷn yw dy derfyn di – ei chesail,
    A'i chusan, rydd iti;
    Tithau'n rhadlon ymdoni
    Wrth y lan, gan chware'th li'.

Rhyw gilfach wyt, ar gulfor, – i ddianc
    O ddüwch y cefnfor;
    Di-ail fan, ar dawel fôr,
    I longau 'daflu angor'.

Mae'r môr, 'dywydd mawr', mor dawel – a nef
    Yn Hafan St Tudwell;
    Cysgu a llonyddu wnêl
    Ym mreichiau Sant mor uchel.

Trumoedd, roes natur, yma – yn gedyrn
    Geidwad i'r angorfa;
    Os arnynt, gyrwynt gura,
    Cyll efo'u rhengc a llwfrha.

Mawr yw llid y môr llydan – ei storom
Ddi'stryra'r llong druan!
Try hithau'n glaf am hafan –
Gwiwdeg le yng nghysgod glan.

Wele'r fan! hafan hefyd, – i lynges
O longau ddi-engyd,
Nwyddawg long! – dyma nawdd glyd
Rhag cenlli'r aig ddrygcinllyd.

Llengoedd o serfyll longau – fu'n ymgais
A dwfn ymgyrch angau,
Gilient â drylliog hwyliau,
O'i fagl ef i'r noddfa glau.

O'i anrhaith heibio'r Penrhyn – y troant,
Cânt rywiog hedd wedyn!
Mor annwyl cael am ronyn
Angori llong yng nghwr Llŷn.

Sant Tudwell cyn oes ein tadau, – ar hon
Roes fawrhad yn ddiau;
A gwynfa'i nawdd gawn fwynhau
Wrth annwyl forio'i thonnau.

Rhyw ddwy ynys addurnol – ry' hefyd
I'r hafan wedd siriol;
Gweld eu pryd ar gysglyd gôl
Grëa addysg arwyddol.

Hugh Davies, Brynllaeth
(*Cyfansoddiadau Buddugol Eisteddfod Genedlaethol Pwllheli*, 1875)

Sarn Bach Heb y Gof

'Y mae hi fel dydd Sul ym mhentref Sarn Bach heddiw,' meddai rhywun. Roedd yr Efail ynghau a'r gof yn wael yn yr ysbyty.

Bellach ni ddaw y gof, John R. Evans, byth yn ôl i'w efail, a dydd Llun, Mawrth 27, bu ardal gyfan yn ei angladd ym Mynwent y Bwlch.

Nid yn unig ffarwelio â Johnnie Refail, cymeriad hoffus a'i weithgarwch ynghlwm wrth ardal ac eglwys, yr oeddem, ond ffarwelio â darn o'r gorffennol.

Daethom at garreg filltir arall yn hanes y pentref bach yma. Dim ond stribad o dai, ffarm, ysgol, siop, gweithdy'r saer a gefail y gof sydd yma.

Y mae hen deulu'r ffarm wedi mynd, ond diolch fod yno denantiaid ifanc gweithgar yn parhau yn yr hen draddodiad.

Siop ac Ysgol

Y mae'r siop yn dal yn llewyrchus yng ngofal Miss Roberts ac yn parhau i fod yn fan cyfarfod diddorol i'r merched, ond y mae 'Taid Shop', a sefydlodd y busnes, yn ei fedd.

Y mae'r ysgol hefyd yn parhau yn ei bri i addysgu plant dan ddeuddeg oed, a'r ysgolfeistr a'i gyd-athrawon yn gweithio'n gydwybodol a hapus. Ond ni cheir yr hen grwmffastiaid mawr pedair ar ddeg oed, fel ag yn nechrau'r ganrif, o dan law a chansan yr hen ysgolfeistr annwyl, Mr R.O. Hughes. Y plant yma gyda'u Cymreictod a'u direidi a roddai gymeriad i ardal.

Y mae'r ail ysgolfeistr a ddaeth yma, Mr W. Jones Parry, yn parhau i fwynhau seibiant cysurus yn ein mysg wedi diwrnod o waith diwyd.

Segur yw gweithdy'r saer, a'r saer diddan, Owen John, yn ei fedd ers dwy flynedd. Ni ddaeth neb ar ei ôl.

Di-stŵr hefyd yw'r lladd-dŷ, a Jones y Bwtsiar, wedi mynd.

Drws yr Efail

Heddiw y mae clo ar ddrws yr efail, lle bu cymaint o fwstwr a mynd am dair cenhedlaeth o'r un teulu. Daeth atalfa ar gymdeithas ddifyr yr Efail – plant wedi tyfu i fyny o gwmpas yr engan yn dal i fynd yno i drin a thrafod pethau yng nghwmni diddan y gof; weithiau y sgyrsiau yn ysgafn, weithiau'n drwm, ond bob amser yn ddi-wenwyn, a phawb yn barod iawn ei gymwynas.

Ceid yno ddigrifwch a mân siarad diniwed. Roedd y merched ifanc ofn am eu bywydau i hanes eu cariadon gyrraedd yr Efail, a'r gof, y pennaf un, wrth ei fodd yn tynnu coes a chymryd arno ei fod yn gwybod hanes eu caru i gyd.

Roedd hiwmor cefn gwlad yn parhau yma, a phawb yn ffrindia. Doedd neb yn cael ei daflu a chadw draw o'r Efail. Roedd yma groeso i bawb, y gof yn mynd ymlaen â'i waith yn eu canol, a rhywun bob amser yn barod i roi help llaw iddo pan fyddai angen mwy nag un at y gwaith.

Ei Sylwadau

I lawer un, cymeriad di-bryder oedd Johnnie 'Refail, ond a'i gael ar ei ben ei hun byddai ei sylwadau ar fywyd yn peri i ddyn aros a meddwl. Gwyddai yn eithaf da nad oedd popeth yn iawn yn ein capelau, a phryderai ynghylch hynny. Lawer tro y dywedodd fod angen cyfnewidiad ar ffurf ein haddoli, a deuai rhyw obaith newydd i'w lygaid pan soniai am ryw arbrofiad o'r eiddo a ddigwyddai yn y seiat.

Darllenai yn eang lyfrau Saesneg a Chymraeg a chylchgronau, a roddai iddo oleuni yn ei swydd fel diacon ac ysgrifennydd Eglwys y Bwlch. Teimlai ei gyfrifoldeb yn ei swyddi, ac yr oedd pethau yn pwyso'n drwm ar ei ysgwyddau weithiau.

Roedd yn edmygydd mawr o'r Athro Gwilym O. Roberts, Pontllyfni, a chredai mai megis dechrau y mae dylanwad y gŵr annwyl hwn ar fywyd crefyddol a chymdeithasol Cymru.

Teimlo'i Golli

Bydd yn anodd cynefino â Sarn Bach heb y gof ac yn anodd i'w briod a'i carodd ac a fu mor ofalus ohono, wynebu bywyd hebddo. Bydd ymwelwyr yr haf yn teimlo'i golli gan y byddai llawer ohonynt yn troi i mewn i'r Efail am sgwrs.

Y mae yn aros bedwar brawd ac un chwaer, ond nid oes yr un o'r brodyr wedi dilyn crefft eu tad, gwaetha'r modd. Y mae un nai wedi bwrw ei brentisiaeth fel gof gyda'i ewythr ac yna mewn Coleg Technegol, a gobeithio y gellir denu'r crefftwr medrus yma yn ôl i gadw traddodiad gofaint y teulu.

Erys hefyd fodryb a chwaer tad plant yr Efail, sydd dros ei phedwar ugain, wedi ei geni a'i magu ym Mryn Bychan – tŷ yr Efail. Y mae cof a meddwl Mrs Maggie Jones, Sarn Villa, yn fyw iawn. Cofio ei nai yn blentyn bychan yr oedd hi yn ystod y dyddiau diwethaf yma.

Gwladys Williams, Riffli, Cilan (*Yr Herald Cymraeg*, Ebrill 1961)

Un o Fethesda oedd Gwladys Williams. Daeth i Lŷn yn ferch ifanc, ddi-briod. Wedi dwy flynedd yn y Coleg Normal, Bangor, bu'n athrawes yn Ysgol Sarn Bach o'r flwyddyn 1922, a bu hefyd yn dilyn yr un alwedigaeth yn ysgolion Pentrefelin, ger Cricieth, Llanbedrog a Throedyrallt, ym Mhwllheli. Roedd yn briod ac yn fam. Ymddangosodd nifer o ysgrifau ganddi yn y wasg Gymraeg, a chyhoeddodd ddwy gyfrol: Gynt *(1974) a* Dest Rhyw Air. *Bu farw Ionawr 11, 1994 yn 93 oed.*

LLANENGAN

Beth a Wneir yn Llanengan Heddiw?

Pan ofynnodd y golygydd i mi ysgrifennu ar y pennawd uchod, teimlwn yn bur anaeddfed i'r gwaith. Roedd misoedd wedi myned heibio er pan y cawswn y pleser o ymweld â Llanengan, ac nid oedd gennyf ragolwg am fod yno am fisoedd drachefn, pa fodd ynte y gallwn feddwl am ysgrifennu heb gael ymdrochi megis yn awyr y lle unwaith yn rhagor? Yr wyf erbyn hyn wedi treulio pedwar diwrnod arall yn Llanengan, ac efallai fy mod mewn sefyllfa mor fanteisiol i ddweud gair am yr ardal a phan oeddwn yn byw yno ar hyd y flwyddyn, gan fod gor-gynefindra â lleoedd a phersonau yn ein dallu yn gymaint i'w gwir nodweddion a gwir ddieithrwch.

Gan mai cymdogaeth amaethyddol ydyw Llanengan, a'i sefyllfa tuag wyth milltir o Bwllheli, yr orsaf agosaf, o bosibl na ddisgwylid fod ynddi lawer o 'fynd' yn ystyr gyffredin y gair. Wrth gwrs, yr ydym yn eithrio y gwaith tawel, cyson, sydd yn myned ymlaen o ddydd i ddydd, ac yn dwyn ei wobr mewn meysydd ffrwythlawn a chynhauaf toreithiog. Pe y buasai rhywun wedi gadael yr ardal hanner can mlynedd yn ôl, ac yn ymweled â hi heddiw, ni chawsai yr un radd o drafferth i'w hadnabod fel yr un a'r unrhyw ardal. A oes rhywun yn tybied fod hyn yn anghlod iddi, ac yn tybied marweidd-dra a diffyg ymdrech yn ei thrigolion? Ond y mae natur ei hun yn hawdd ei hadnabod ar hyd yr oesau, ac nid oes a ddywed ei bod hi yn ddi-waith!

Bu Llanengan am flynyddau lawer yn gymharol enwog am ei gweithydd plwm. Trigai nifer dda o ddieithriaid yn y gymdogaeth, ac yr oedd masnach yn fywiog a llewyrchus. Ond nid ydyw y gweithydd hyn wedi myned o gwbl er dechrau y flwyddyn 1892, felly gwelir fod ambell i dro ar fyd yn cymryd lle hyd yn oed yn Llanengan.

Ers blynyddau bellach y mae Llanengan, yn arbennig Abersoch, wedi dyfod yn gyrchfa ymwelwyr ym misoedd yr haf. Ni buasai yn hawdd dewis mangre fwy dymunol i bobl o drefi poblogaidd i dreulio eu holidays ynddi nag Abersoch. Y mae yr olygfa ar Fae Abersoch yn cael ei hystyried yn nodedig o brydferth, nid oes eisiau gwell a diogelach lle i ymdrochi ynddo, nac esmwythach ac eangach traeth i gerdded ar hyd-ddo. Awyr y gymdogaeth sydd yn odiaeth iachus, ac ar ei orau yn peri i ni deimlo y gallem bron fyw arno. Y mae amryw dai wedi eu hadeiladu yn y blynyddoedd diweddaf, gyda'r rhagolwg o fod yn fanteisiol i gymryd ymwelwyr. Mewn amryw amgylchiadau y mae ymwelwyr yn talu mor dda, fel nad ydyw preswylwyr y tai yn grwgnach am yr amddifadrwydd o gysuron y maent yn brofi yn aml yn ystod eu harshosiad. Y mae pregethau Saesoneg yn cael eu traddodi bob Sabath yn eglwys y plwyf ac yng nghapel yr Annibynwyr yn Abersoch er budd yr ymwelwyr. Yn ddiweddar, y mae tram wedi dechrau rhedeg gyda glan y môr rhwng Llanbedrog a Phwllheli, yr hwn a werthfawrogir gan lawer.

Ychydig amser yn ôl adeiladwyd tŷ newydd i'r bywydfad ar Benrhyn Du. Diamau fod dewrion yr ardal yn benderfynol o fod mor ffyddlawn i wynebu ystormydd y dyfodol ag y maent wedi bod gydag ystormydd y gorffennol.

Megir ambell i forwr yn Llanengan, er nad cynifer, efallai, ag a fuasid yn ddisgwyl mewn ardal ar lan y môr. Y mae yn lled sicr fod y gweithydd plwm wedi bod yn foddion i leihau nifer y morwyr yn y gorffennol. Llyncir nifer dda o fechgyn Llangengan gan Lerpwl, fel seiri, adeiladwyr a gweithwyr yn y warehouses.

Cychwynnodd y Cyngor Plwyf yn bur addawol, a danghosid cryn lawer o frwdfrydedd ar ei sefydliad. Roedd amrywiaeth ymhlith yr aelodau, fel ar y cyfan, y disgwyliem fod pob dosbarth yn cael ei gynrychioli yn deg. Ymddangosent oll o blaid y 'ffermydd bychain' i weithwyr.

Ychydig flynyddoedd yn ôl, agorwyd ysgol Frytanaidd newydd yn Sarn Bach, mewn canlyniad i lafur egniol amryw o ddynion blaenllaw, a chynorthwy sylweddol amaethwyr y gymdogaeth. Roedd yr hen Ysgol Frytanaidd mewn un pen i'r plwyf, yn y man mwyaf anghyfleus i fwyafrif y plant ag y buasai yn bosibl iddo fod. Yr ydym yn deall fod yr ysgol newydd yn parhau yn llewyrchus, ac nad oes sôn am angen Bwrdd Ysgol ynglŷn â hi. Y mae yr Ysgol Genedlaethol eto yn fyw, ac yn cael ei mynychu gan blant yr eglwys ac amryw o rai bychain eraill sydd yn byw yn ei hymyl.

Ardal Ymneillduol iawn ydyw Llanengan ar y cyfan, ond y mae wedi gwneud newydd-beth yn ddiweddar, wedi magu esgob! (John Owen, 1854-1926, Ysgubor Wen). Y mae yn hysbys i lawer mai yma y treuliodd esgob newydd Tŷddewi foreuddydd ei oes, ac efallai nad oes neb yn meddwl yn uwch ohono na phobl Llanengan. Ychydig iawn o ddiddordeb a deimlai rhai honom pan yn darllen am Archesgob Caergaint yng nghadair St Anselm wrth a deimlem pan welsom am benodiad un o fechgyn Llanengan i esgobaeth

Tŷddewi. Nid ydyw o wahaniaeth pa ffurf-lywodraeth eglwysig ydyw yn gymeradwyo, neu a oes rhyw un a allwn gymeradwyo yn hollol, y mae y pleser a brofir wrth weled llwyddiant cymydog yn aros yr un.

Y mae yn ofnus mai pur ychydig a wneir yn Llanengan gydag achos dirwest. Bu Byddin y Ruban Glas yn gwneud tipyn o waith, ac yr oedd y gwahanol enwadau Ymneilltuol yn ymuno i weithio, ond erbyn hyn y mae wedi myned yn gwbl ddi-sôn amdani. Fe sefydlwyd cangen o Gymdeithas Ddirwestol Merched Prydain yn yr ardal, ond yr wyf yn deall nad oes ond y lle y bu hithau. Nis gwn beth fu yr achos i'r ddwy gymdeithas hyn roddi i fyny weithio, ond nid am fod yr ardal wedi ei sobri.

Nid oes dim ar lun Cymdeithas Lenyddol yn Llanengan. Wrth gwrs, y mae cryn anhawsder i gario peth felly ymlaen mewn cymdogaeth wledig, ac eto ni fuasai yn anichonadwy, y mae yn sicr gennyf. Er nad ydyw Llangenan mewn un modd yn amddifad o gantorion, ac er fod rhai ohonynt yn bur weithgar, eto ar y cyfan gallai yr ardal fod yn fwy cerddorol. Buasai yn welliant pe y sefydlid cymdeithas lenyddol a cherddorol, yn ychwanegol at y cyngherddau achlysurol a'r cyfarfodydd cystadleuol a gynhelir ar wahanol wyliau y flwyddyn.

Yr wyf o angenrheidrwydd yn gwybod mwy am un enwad, ac am un capel perthynol i'r enwad hwnnw. Y mae capel y Trefnyddion Calfinaidd a elwir yn Capel y Bwlch, yn myned o dan adgyweiriad, a disgwylir y bydd yn barod erbyn dydd y diolchgarwch am y cynhaeaf. Nid ydyw y capel yn hen, ond ymddengys ei fod wedi myned i gyflwr lled beryglus, ac y mae yr holl gyfarfodydd ar y Sabath yn cael eu cynnal yn yr Ysgol Frytanaidd ers misoedd lawer. Y mae yn gryn gost i adgyweirio y capel, ac nid ydyw hyn yn cael ei wneud heb fod llawer iawn o anghydwelediad wedi bod o barthed y modd i gario y gwaith ymlaen. Fodd bynnag, hyderwn y bydd tangnefedd ar ôl yr ystorm, ac ni raid i eglwys y Bwlch apelio at y Cyfarfod Misol, na neb arall, i farnu rhwng ei hanghydweledwyr am amser maith. Y mae ei blaenoriaid yn ddynion galluog a gweithgar, ac wedi ei gwasanaethu yn ddyfal am flynyddau lawer heb ragolwg am dysteb na chymeradwyaeth i'w symbylu yn y radd leiaf. Nid oes gan yr eglwys hon weinidog ers amryw flynyddau. Y mae cynulleidfa y Bwlch yn gymharol ddeallgar, ac yn gallu gwerthfawrogi pregethau lled feddylgar. Y mae yr Ysgol Sul yn lled lewyrchus ar y cyfan yn y Bwlch, a chredwn ei bod felly yng nghapeli eraill yr ardal. Ceir personau oedranus yn dyfod i'r ysgol, ambell i hen wraig ar gyffiniau pedwar ugain.

Nid wyf yn gwybod fod llawer o eiddigedd enwadol yn Llanengan. Ceir Methodistiaid y Bwlch a Chilan yn dylifo i gyfarfodydd pregethu yr Annibynwyr yn Bwlchtocyn ac Abersoch, ac ar ddiwrnod Diolchgarwch, bydd eglwys y plwyf yn frith o Ymneillduwyr.

Nis gellir dweud fod Llanengan ymhell ar ôl, mewn cymwynasgarwch a haelioni, pa un bynnag ai at bersonau unigol neu gymdeithasau ac achosion cyhoeddus. Wrth gwrs, y mae bob amser ymhob man le i wella mewn brawdgarwch, ac yn y dylanwad cymdeithasol hwnnw sydd yn peri i bob un deimlo nad ydyw yn ddi-sylw a di-ystyr.

Ellen Hughes, Llanengan (*Heddyw*, Tachwedd 1897)

Ganwyd Ellen Hughes, 'Eurgain Gwynedd', yn Tanyfynwent, Llanengan, yn ferch i'r Parch. a Mrs William Hughes (1820-1866) a fu'n weinidog yn y Bwlch. Treuliodd gyfnod o amser fel athrawes yn Bedford, Lloegr, lle yr oedd ei chwaer, L.A. Hughes yn byw o'i blaen. Cyfranodd yn helaeth mewn rhyddiaeth a barddoniaeth i'r Gymraes, Y Frythones, Y Drysorfa, Trysorfa'r Plant, Y Goleuad, Cymru *a'r* Dyngarwr, *a hefyd i'r cylchgrawn Saesneg,* Great Thoughts. *Cyhoeddodd ddwy gyfrol o farddoniaeth a rhyddiaith:* Sibrwd yr Awel, *a* Murmur y Gragen *(1907). Bu farw yn 1927 yn 65 oed.*

55

LLANGIAN

Llangian

Y Pentref Taclusaf yn Llŷn

Ar ddydd Sadwrn yn Hydref 1964, dadorchuddiwyd plac yn Llangian, gan Ardalyddes Môn, i ddangos mai hwn ydoedd y pentref taclusaf yng Nghymru yn y flwyddyn 1964. Roedd cymaint â 168 o bentrefi wedi cystadlu am yr anrhydedd. Chwe mlynedd ynghynt, cyhoeddodd Gruffudd Parry, Sarn Mellteyrn ei gyfrol boblogaidd, *Crwydro Llŷn ac Eifionydd*, lle y mae'n canu clodydd i'r pentref bach tlws hwn yn Llŷn . . .

'. . . y mae golwg lân gynhesol arno wrth ddod ato i lawr yr allt. . . . fel gweld ystafell wrth ddod i lawr grisiau neu agor drws, daw pentref Llangian i'r golwg, yn glyd fel nyth dryw. Mae'r lle yn wag ar brynhawn o Wanwyn cynnar heb neb i'w weld ar y ffordd nac yn nrysau'r tai. Lle mor dawel â phe byddai'n set at lwyfan theatr a phawb wedi mynd adref a gadael y lampau i gyd yn olau. Awel fach yn ysgwyd dail crin yn rhywle, a sŵn dwndwr y ffrwd yn prysuro ei ffordd i gyfarfod Afon Soch, dim o'r blerwch a geir yn rhy gyffredin mewn pentrefi. Dim cytiau sinc wedi hanner rhydu, dim gwifrau pigog a blêr, dim cloddiau wedi bochio allan ac ar fin dod i lawr. Dim tuniau na phapurau na photeli na photiau jam.' (t.113)

NANHORON

Capel Newydd, Nanhoron

Capel bach Nanhoron

Y mae capel bach gwyngalchog
Ym mhellafoedd hen wlad Llŷn,
Dim ond un cwrdd chwarter eto,
Ac fe'i caeir, – dim ond un.
Y mae llwydni ar bob pared,
Dim ond pridd sydd hyd ei lawr,
Ond bu engyl yn ei gerdded
Adeg y Diwygiad mawr.

Cynan

Dyna'r dull a gymerodd Cynan i gyflwyno i'r ystyriol un o'i gerddi godidog. (Defnyddiodd yr un bardd yr union linellau dechreuol, ond bod y lleoliad yn wahanol, yn ei bryddest, Y Cysegr, yn Eisteddfod Corwen, Awst 1920: 'Y mae capel bach gwyngalchog ym mhellafoedd Gogledd Môn'. Yn y gyfrol *Caniadau* (1927) 'Carmel' ydi teitl yr un gerdd. A chanu roedd o bryd hynny,

57

mae'n debyg, am Garmel, capel i'r Bedyddwyr sy' ar gyrion Aberdaron.)

Y Parch Harri Parri, *Y Goleuad,* Hydref 21, 2005

'Y diwrnod o'r blaen rhoddais innau dro i 'bellafoedd hen wlad Llŷn.' Cychwyn ar ôl cinio cynnar, mewn car cyflym, drwy Gaernarfon a Phwllheli, ac ymlaen am Lyn y Weddw. Yna troi i'r dde am Mynytho, ac ymlaen i groesffordd Y Rhiw, i gyfeiriad traeth poblogaidd Aberdaron.

Heb fod nepell o groesffordd y Rhiw, gwelir dau dŷ o faint sylweddol ar y llaw chwith, ac ar giat bach y tŷ cyntaf mae'r enw 'Trigfa'; yno y mae allwedd Capel bach Nanhoron i'w gael.

Gwraig garedig a chroesawgar ydyw Mrs Griffiths, ceidwad y capel, a heb os, pleser ganddi ydyw cael y fraint o estyn yr agoriad i ymwelwyr.

Wedi derbyn yr allwedd, cerddasom ein dau yn dawel a myfyrgar ar hyd ffordd drol ers talwm, i gyfeiriad 'rhen gapel bach hynafol.

Yn rhyfeddol, pan ymaflais yng nghlicied y giât yr oeddwn yn ymwybodol fod mwy na dau ohonom yn cyfeirio ein camre i 'babell y Cyfarfod' y dwthwn hwnnw. Clywn y bardd eto'n dweud yn fy nghlust 'Ni chei uchel allor gyffredin, na chanhwyllau hir o wêr, na thuserau'r arogldarthu yma i greu'r awyrgylch pêr'.

Wedi rhodio'n barchus a defosiynol o gylch yr adeilad hynafol gwelsom yn gorffwys mewn fram wydr ar y 'pulpud bach' hen 'lyfr defosiwn', ac yn ysgrifenedig ar ei glawr yr oedd a ganlyn: 'Y llyfr defosiwn hwn a berthynai ar un adeg i Catherine, gweddw Capten Timothy Edwards, R.N. (1731-1780) o Nanhoron. Arferai Mrs Edwards, a fu farw yn y flwyddyn 1811, fynychu'r capel hwn. A daeth y llyfr i feddiant Eileen, Loma, a Honora Keating, o Blas y Rhiw, a rhoddwyd ef ganddynt fel coffa bychan o'r diddordeb a gymerodd Catherine Edwards yn y capel yn ystod ei flynyddoedd cynnar.

Adeiladwyd y 'capel bach gwyngalchog' yn y flwyddyn 1769. A hwn ydyw'r addoldy anghydffurfiol hynaf yng ngogledd Cymru. Diddorol oedd sylwi ar ddoethineb a meddwlgarwch rhywun, yn gosod stepan garreg ger aml i sedd er cynorthwyo'r cloff a'r byr-goes i esgyn i'w eisteddle. Cafodd yr addoldy ei drwyddedu i'r Annibynwyr gan ustusiaid Sir Gaernarfon, fel y Capel Annibynnol cyntaf yn Llŷn, tu allan i Bwllheli. Yn ôl y deallaf, mae cadwraeth y cyfryw yn awr dan ofalaeth Comisiwn yr 'Ancient Monuments' ac am hynny

Y tu mewn i Gapel Newydd, Nanhoron

gwireddwyd deisyfiad y bardd am gael 'atal rhaib anorfod amser' sy'n dafeilio popeth, gwaetha'r modd.

Er na theimlais yn y fangre unig, fel y dywedodd Cynan, 'gyfaredd gweddi Lladin y Miserere Domine', seiliedig ar Salm 51, hawdd oedd dychmygu gweld yr hen Biwritaniaid parchus yn eistedd yn dalsyth yn eu 'hetiau silc'. Dyna'r 'saint a brofodd yma y 'Dwyfol Wynt'.

Ac er nad oedd yno na phregethwr na blaenor i draethu'r Gair, mae'n rhaid i mi gydnabod bod naws marwor ysbrydol yr 'hen bwerau'n' aros hyd heddiw o fewn magwyrydd 'rhen 'gapel bach gwyngalchog ym mhellafoedd hen wlad Llŷn'.

Mae tair carreg goffa'n y fynwent sydd yn ddarllenadwy, a dyma sydd arnynt:

Mary Jones, Oerdwr, yr hon a fu farw Chwefror 3, 1855 yn 84 oed.
William Griffith, Tal-y-Fan, a fu farw Awst 11, 1850 yn 81 oed.
C.W. Age 81, 1825.

59

Nid yw'r enw yn ddarllenadwy ar yr olaf. Ond y dyddiad yw 1825.

Os dymunol gennych ydyw cofio Cymru a'i hyglod draddodiadau, yna cymhellaf chwi i ddarllen y gerdd hon o waith Cynan, a mynd yn ei gwres hi i ymweld â'r fangre sanctaidd. A heb os, ond i chwi wneud hynny yn yr ysbryd priodol, fe brofwch chwithau o'r gwlith perlog nad yw byth yn weladwy ar bren marw. Wedi sefyll ar yr hen garreg farch sydd ger drws yr addoldy, bu i ni gyd-adrodd 'Capel Nanhoron', gan ffarwelio ar ddiwedydd ag un o'r mannau dwyfol hynny nad a byth o'm cof.

Celt o Fôn (*Yr Herald Cymraeg*, 1965)

LLANDEGWNING

Eglwys Llandegwning

Eglwys Llandegwning

Ar wahân i'r enw gael ei roi ar eglwys y plwyf, bu Llandegwning hefyd yn enw ar blasdy boneddigion gynt, sydd yn adfail ers blynyddoedd maith, rhyw ychydig o gaeau i ffwrdd o'r eglwys. Yn ôl y dull cyntefig o sillafu yr enw, Llanteg oedd yr enw gwreiddiol, gan ychwanegu cwning, lluosog cwningod, sydd yn briodol iawn oherwydd fod yno ddaear cwningod. Mae'n eithaf tebyg fod Plasty Tegwning mewn bodolaeth ymhell cyn ei gysylltu â'r eglwys. O'r nifer fawr o seintiau a gysylltir â Llŷn, Sant Gwynnin, mab Helig ap Glanawg, sant oedd yn bodoli yn y seithfed ganrif, oedd yr unig un oedd yn hanu o Sir Gaernarfon, estroniaid oedd pob un o'r lleill. Cedwir ei ŵyl ar Ragfyr 31ain.

Y mae'r eglwys hynafol wedi ei lleoli mewn dyffryn rhwng bryniau Llŷn, ac fe all llawer un basio heibio heb sylweddoli ei bod hi yno. Y rheswm am hynny yw oherwydd ei bod hi o'r golwg o'r ffordd fawr. Ffordd gul, israddol, droelliog a'n harweinia ni o gyfeiriad Efail Saithbont tuag at bont fechan ger Rhydbach, Botwnnog – hwnnw yw'r ffordd cyflymaf i gyrraedd yr eglwys.

Prin yn wir fod yno bentref – dim ond yr eglwys fach hudolus, ac un tŷ, sef Ty'n Llan. Y mae'r eglwys yn unigryw mewn un ffordd, gan nad oes yna yr un eglwys arall yn Llŷn yn meddiannu clochdy cerrig, conigol, gyda carreg soleg gron ar y brig, er fod yn rhaid cyfaddef bod tŵr Eglwys Botwnnog gerllaw yn edrych rhywbeth tebyg. Ond o edrych arni y mae Eglwys Llandegwning yn fwy diaddurn ac anghyffredin i weddill o eglwysi Llŷn.

Nid oes sicrwydd pendant pryd y cafodd yr eglwys ei hadeiladu, ond y mae'n hynafol ei edrychiad. Ar un achlysur bu yna ddau dŷ yn Llandegwning, un ohonynt yn ofaint ac yn weithdy saer; ac eto Ty'n Llan a fu unwaith yn lety, ond ers degawdau bellach yn dŷ preifat.

Dengys arysgrifen ar y tŵr, i'r eglwys gael ei hail-adeiladu yn y flwyddyn 1840, yn ystod gweinidogaeth y Parch. Robert Jones, brodor o Laniestyn, a'i wardeiniaid: John Williams a John Griffiths. Y mae i'r tŵr dair o ffenestri plaen, a drws yn y mur gogleddol sydd wedi ei gau i fyny, ac y mae'r unig ffenestr arall yn y tŵr oddeutu 12 troedfedd oddi wrth lefel y llawr. Mae'n cael ei goleuo gan ddwy ffenestr fechan plaen ar yr ochr ddeheuol, ac un ar yr ochr ogleddol. Ceir yno fedydd-faen siap crwn, yn sefyll yn sgwâr ar ei sylfaen wythonglog, ac i gyfeiriad y gorllewin o'r eglwys y mae yno ddrws sydd yn arwain i'r clochdy, lle hongian un gloch.

Yn ystod hanner canmlynedd cyntaf yr ugeinfed ganrif, digwyddodd damwain hynod yn hanes yr eglwys, pan oedd William Evans, y clochydd, yn canu'r gloch. Disgynodd y gloch o'i lle a glanio ar lwyfan ychydig uwchben y clochydd. Y llwyfan hwnnw a achubodd ei fywyd ef. Y mae'r eglwys yn parhau i gadw ei hymddangosiad hynafol gyda'i seddau bocs, plaen iawn. Ar y chwith wrth ymyl yr allor, y mae yna bwlpud dwbl-dec, un hen ffasiwn a grisiau yn esgyn iddo. Perthyn i'r allor ganllawiau plaen, gyda llechen bob ochr ac arnynt ddyfyniadau o Lyfr Ecsodus, Pennod 20. Gellir eistedd oddeutu 100 o bobl yno. Ar ben yr ystlys, o flaen yr allor, y mae yna dair carreg fedd, sydd wedi eu gosod yn y llawr, ac arnynt gyfeiriad at farwolaethau Jane Jones, Ty'n Cae, a fu farw yn 1721, a'r hen ddull o gofnodi yn cael ei bwysleisio gyda'r geiriau: 'leaving issue behind 2 sons and 2 daughters. Mori Lucrum'. Hefyd, Margaret Williams, a fu farw yn 1724, 'aged 14 dayes'. Ceir hefyd lechi ar y mur deheuol, ac y mae yno ddwy gadair fach cerfiedig, a roddwyd i'r eglwys gan aelodau o deulu Lloyd-Edwards, Plas Nanhoron.

Ymysg eitemau eraill a berthyn i'r eglwys fe geir cwpan cymun hynafol, plât arian, a dysgl plât-Sheffield. O rodio rhwng y beddau yn y fynwent fe welir fod yno gerrig beddau sydd yn dyddio dros dri chan mlynedd yn ôl. Y mae'r arysgrifau arnynt wedi eu dileu bron yn llwyr gan halen yn yr aer, a'r tywydd gydol y blynyddoedd.

Rhai o enwogion Llandegwning

Y Parchedig Ellis Anwyl, M.A. – Mab i Thomas Ellis, Plas Llandegwning, a Jane Marsh. Gwelir cofeb iddo ar y mur, oddi mewn i Eglwys Llaniestyn, mewn Lladin, sydd o'i gyfieithu i'r Gymraeg fel a ganlyn: Islaw, mewn gobaith o atgyfodi dedwydd, y rhoddwyd i gadw weddillion y Parchedig a thra dysgedig Ellis Anwyl M.A. diweddar Gymrawd o Goleg Iesu, Rhydychain; ac ar ôl hynny Rheithor o'r mwyaf gwyliadwrus yn y plwyf yma. Pasiodd o'r bywyd hwn i fywyd y bendigedigion ar yr 8fed o fis Hydref, blwyddyn yr Arglwydd 1724 yn 57 oed.

Y Parchedig John Ellis, M.A. – Mab i Thomas Ellis, Plas Llandegwning, lle y ganwyd ef yn 1674. Derbyniodd ei addysg yng Ngholeg Bangor Iesu, Rhydychen, lle y cafodd frodoriaeth a'i radd B.A. yn 1693; M.A. yn 1696; a B.D. yn 1703. Rhoddwyd iddo Berigloriaeth Llandwrog, Arfon yn 1710. Wedi hynny bu'n Gôr-Beriglor Bangor (1713-35) ac yna yn Rheithor, yn Llanbedr, Meirionydd, hyd ei farw yn 1719.

Gruffydd Mathias – Mab i Mathias Morris. Ganwyd ef yn Tŷ Rhent, Llandegwning, Mai 10, 1777. Crydd oedd ei alwedigaeth ef. Cadwai ysgol nos, sef ysgol cerddorol yn nifer o wahanol fannau gan gynnwys Rhydbach, Tŷ Mawr, Penycaerau a Thudweiliog. Roedd yn cael ei adnabod fel un o gerddorion enwocaf ei fro yn ei gyfnod, yn meddu llais trwm, peraidd a hydrin. Daliai swydd fel clochydd yn Eglwys Llandegwning yn y boreuau, ac yna yn flaenor gyda'r Methodistiaid Calfinaidd yn Rhydbach gerllaw yn y prynhawniau. Bu farw Ionawr 27, 1839, yn 82 mlwydd oed, a'i gladdu yn Llandegwning.

BOTWNNOG

Neigwl Plas

Ar wastadedd Llŷn, gerllaw afon Soch, cyferbyn â Phorth Neigwl, y saif amaethdy tra hynafol, a adnabyddir wrth yr enw hwn. Y mae yr adeiladau presennol i gyd yn newyddion, er y ceisir ein darbwyllo fod ychydig o weddillion yr hen balas i'w weled eto ym muriau y gegin. Ym mhen tua phedwar ugain mlynedd ar ôl goresgyn Cymru gan Iorwerth y Cyntaf, rhoddwyd talaith Llŷn i Nigel de Lohareyn, am ei wasanaeth i'r Tywysog Du ym mrwydr Poitiers. Rhai a ddywedant i Neigwl ei hun fod yn byw yn y Plas hwn; eraill a farnant mai ei fab fu. Beth bynnag am hyn, cydunir gan bawb fod y lle wedi cael ei alw wrth ei enw ef, oherwydd mai ei eiddo ef ydoedd. Y mae sôn ar lafar gwlad i'r hen adeilad gael ei losgi, ond ni ystyriwn y cwbl a ddywedir wrthym yng nghylch y trychineb yn werth ei gofnodi.

Parch. J. Daniel, B.A. 'Rhabanian', (*Hynafiaethau Lleyn*, 1892)

Cerdd Plas Neigwl

Y mae'r gerdd yn canolbwyntio ar y tân a gymerodd le yn y Plas, a'i llosgodd o yn lludw, ynghyd â chwech o bobl oedd yn ei gwely, yn y flwyddyn 1789. (Ar y dôn: *Belisle March*)

Plas Neigwl, trwm yw meddwl
Yn fanwl fel y bu,
Y gwellt enynnodd yno rywfodd
Nes llosgodd yr holl dŷ.

Ar gefn y nos dan go
Caed rhybudd i roi ffo,
Roedd pawb o'r teulu yno'n cysgu
Gan drengu ar fyr dro.

Digwyddodd fod dau'n effro
Er mwyn ymgomio'n gu,
Yn caru'n unfryd fel dau anwylyd
Yn hyfryd yn y tŷ.

Mewn llofft yr oedd y rhain
Yn bur gysurol sain,
Fel niwl o'u deutu gan eu dychrynu
Dechreua'u mygu'n fain.

Hynodol ac ofnadwy
Daeth atynt fwy-fwy fwg
Nes goleu'r grisiau; hwy ni chredant
Fod yno droad drwg.

Dyn syllodd dros y grisiau
Fe welai dyrrau o dân,
Pob peth o'r ochrau yn mynd yn wreichion
Yn fawrion ac yn fân.

Fe roddodd waedd ddychrynllyd
I'w deffro i bennyd bwys,
Bu'r wraig a'r plentyn 'run munudun
Mewn cerwyn dychryn dwys.

Trwy ffenestr aeth – ger bron
Fe blygai'r haiarn ffon –
Gan daflu'r baban drwy honno allan
Yn iach o'r oddaeth hon.

Ei gariad wastad wen
Drwy'r ffenestr roes ei phen,
Ond ffaelodd ganddi ddyfod trwyddi;
Amdani gwasgai'n den.

Gafaelodd yn ei breichiau
Nes tynnu un o'i le,
Yng nghanol pennyd y fflam danllyd
Ond methu wnaeth efe.

Hi dost griai am gael ei helpu,
Mae'n marw – ffaelu wnaeth,
O! dyma ffarwel trwm i'w harddel,
Ei gadael yno'n gaeth.

Wrth weld y truan a'i phen allan
A'i thraed ar dorlan dân,
Ei pheisiau'n fflamio a'i chnawd yn ffrio,
Hir gofir fydd y gân.

Mari Siarl, Bryncroes (o *Cerddi Cymru*)

*Roedd Mari Siarl yn ferch i Siarl Marc (1720-1795), un o'r Methodistiaid
cyntaf yn Llŷn; ac yn fam i Evan Prichard (Ieuan Lleyn), 1770-1832.
Ymfudodd Mari Siarl a'i gŵr, sef Richard Thomas Evan, brodor o
Fryncroes, Sarn, i Remsen, Swydd Oneida, Efrog Newydd, Gorffennaf
25, 1795, gan adael Ieuan, y mab, gyda'i daid.*

*Yn ôl Cofrestr Claddedigaethau Remsen-Steuben a gyhoeddwyd gan
Gymdeithas Hanesyddol Remsen-Steuben, ar Orffennaf 1983, nodir fod
Richard Thomas wedi marw Hydref 30, 1813 yn 73 oed; a bod Mary, sef
Mari Siarl wedi marw Medi 13, yn 85 mlwydd oed, ond ni roddir dyddiad
blwyddyn ei marw.*

Ysgol Botwnnog

Ysgol Botwnnog, ar ddiwrnod gwobrwyo, Gorff. 1896
(o *Cymru*, Tachwedd 1897)

Ysgol Botwnnog, ni a'th barchwn di
Nid am ein dysg a'n dawn na medr ein llaw,
Ond am fod stamp dy gariad arnom ni,
Mor ddwfn fel nas dileir gan ddim a ddaw
Ni chollir byth mo'r llw gan wreng na theyrn,
Sydd rhyngom ni a'r gŵr * o Sarn Mellteyrn.

Gruffydd Parry (*Y Gloch*: Cylchgrawn Ysgol Botwnnog)

Esgob Henry Rowland (1551-1616). Ganwyd yn Sarn Mellteyrn, lle bu'n Rheithor (1572-1581) ac Aberdaron (1588), ymysg nifer o fannau eraill oddiallan i Llŷn. Dringodd i orsedd esgobol Esgobaeth Bangor (1598-1616). Sefydlwyd Ysgol Botwnnog drwy ei ewyllys ef. Ei ddymuniad oedd i'r ysgol fod ym mhlwyf Mellteyrn neu Fotwnnog.

Ysgol Botwnnog, ar ddiwrnod gwobrwyo, Gorffennaf 1896
(o Cymru, Tachwedd 1897)

Dr R.H. Jones 1883-1966

Gyda marw Dr R.H. Jones, Llangwnnadl, gall rhywun ddweud fod cyfnod yn hanes Pen Llŷn wedi dod i ben.

Roedd wedi lapio ei hun i mewn yn gyfangwbl i fywyd yr ardaloedd yma, ac wedi impio ei bersonoliaeth glos y penrhyn.

Un o feibion Penygroes, Dyffryn Nantlle oedd, yn fab Hendy, ei dad yn fasnachwr llechi. Roedd o dras meddygon esgyrn Môn; Richard Evans, meddyg esgyrn, Pwllheli; a Hugh Evans, meddyg esgyrn, Penygroes. Yn nodweddiadol o un a fagwyd yn ardal y chwareli, yr oedd yr awydd ynddo erioed i'w drwytho ei hunan mewn diwylliant, ac i geisio addysg a gwybodaeth.

Hefyd, yr oedd ganddo ddiddordeb di-droi mewn pobl, a hyn mae'n debyg, a'i harweiniodd i'w alwedigaeth fel meddyg.

Wedi iddo ymgymhwyso yng Nghaeredin a Glasgow ymroddodd i'w alwedigaeth, gan wasanaethu mewn amryw fannau o'r wlad. Gwelodd gofnodau o wasanaeth ym Môn a Mynwy, yn Nyffryn Ogwen, a Dyffryn Rhondda, ym Maldwyn ac yn Nyffryn Nantlle, ond yn Llŷn yr ymgartrefodd. Yma y canfu ei 'Afallon', ac y cafodd lawnder o hapusrwydd.

Daeth i Fotwnnog, at Dr Lloyd Hughes, yn 1928. Gwasanaethodd fel cydweithiwr i'r meddygon ym Motwnnog am 37 o flynyddoedd. Ymbriododd â Jennie Jones, merch dalentog Ty'r Ysgol, Llangwnnadl (merch Ap Morus, ac awdwr 'Tomos o Enlli', 'Diliau Dyli', 'Llyfr ABC' a 'Mam Porci', yn y comic *Hwyl*) rhyw chwarter canrif yn ôl, ac yno bu'n byw wedyn.

Os byr o ran corfforlaeth, yr oedd ei holl fywyd yn fawr, yn fawr am iddo feddu'r weledigaeth gywir o ystyr bywyd. Byw iddo ef oedd gwario ei hunan mewn gwasanaeth i eraill; rhoi a chyfrannu o'i amser a'i fedr a'i dalentau, i ddiwallu ac i leddfu gofynion teuluoedd oedd patrwm pob dydd iddo.

Nid oedd neb yn rhy bwysig nac yn rhy ddinod iddo roi ei sylw iddynt. Llwybrai ei gerbyd bach yn hamddenol i bob cwr o Ben Llŷn, yn dwyn cysur a moddion a meddyginiaeth i lawer un, yn y dydd ac yn oriau hwyr y nos.

Tyngai llawer un ym medrusrwydd Doctor Jôs, iddo fod yn wir offeryn i ddwyn meddyginiaeth ac iechyd iddynt. Roedd yn hael ei gymwynas nid yn unig i'r ardalwyr ond hefyd i lu o ymwelwyr a ddeuai ar ei ofyn bob haf, a bydd llawer ohonynt hwythau'n teimlo'r chwithdod ar ôl ei gwmniaeth.

Carai sgwrs ac ymgom, a phan gâi egwyl yr oedd yn falch o gael troi at gwmni, pa le bynnag y byddai cwmni yn ymgynull, neu fynd i Glwb y Gannwyll i Rhosirwaun, neu fynd i ymweld â rhai o hen deuluoedd Llŷn.

Ers llawer blwyddyn bellach yr oedd yn gyson iawn yn y gwasanaeth ar nos Sul, yn Eglwys y Plwyf Llangwnnadl. Roedd diddordeb mawr ganddo yn yr hen eglwys, a chwith fydd ei golli yno hefyd.

Mae'r ardaloedd yma yn gyforiog a hanesion diddan am ei ffraethineb a'r hiwmor iach. Gŵr llon ydoedd, yn chwim ei feddwl, a gair ganddo yn ei bryd ar gyfer pob achlysur.

Roedd gan y Doctor stôr o straeon gogleisiol. Cofir am rai ohonynt yn *Y Cymro* cyn hyn – ond fe ddaliai hon. Mewn eira mawr yn 1929 fe ddaeth galwad i'r Doctor i fynd i'r Rhiw – taith o gryn bedair milltir. Doedd dim amdani ond ceisio ymlwybro gorau y medrai ar bennau'r cloddiau. Wedi aml gwymp at ei wddf i'r eira cyrhaeddodd y Doctor ben ei daith, a chafodd yn y tŷ ŵr yn pendympian wrth y tân. 'Pwy sy'n sâl yma?' gofynnodd y Doctor. 'Fi am wn i.' 'Tyda chi ddim yn siŵr?' 'Nag ydw – ond roedd arna'i ofn mynd yn sâl, ac isio gweld fedrach chi ddwad pe bai angen.' Ni thalai i fanylu ar yr hyn a ddywedodd y Doctor ymhellach.

Ychydig wedi'r Pasg cawsom y fraint o gyflwyno ein teyrnged iddo, ac yntau newydd ymddeol mewn cyfarfod cofiadwy yn y Sarn. Yn ei angladd ddydd Sadwrn, a'r eglwys dan ei sang, daethom ynghyd eto i dalu ein gwrogaeth iddo, ac i ddiolch i Dduw am bersonoliaeth mor gyfoethog. Am genedlaethau eto bydd enw Dr Jôs, neu Dr Bobbie yn Nyffryn Nantlle a mannau eraill, yn enw teuluaidd ar feddyg a anwesodd ei hunan i gymaint drwy wasanaeth ymroddgar a llwyr. Boed gorffwys i'w enaid, a'n cydymdeimlad diffuant â'i briod, ac â'i blant, Bobbie a Stephanie.

'Anrhydedda'r meddyg ag anrhydedd dyledus iddo, ac yng ngwydd gwŷr mawr y perchir ef, canys oddiwrth y Goruchaf y daeth meddyginiaeth.' (Apocrypha)

Parch. Robert Williams, Rheithor Llangwnnadl, Chwefror 1966

Brodor o Talysarn, Arfon, oedd y Canon Robert Williams (1920-2000). Ar ôl gwasanaethu fel curad ym Môn symudodd i Lŷn yn 1955, yn Rheithor ar blwyfi Llangwnnadl, Penllech a Bryncroes. Gwasanaethodd fel Deon gwlad Llŷn yn 1976 ac yn 1987 daeth yn ficer ar Aberdaron,

Llanfaelrhys a Rhiw. Roedd yn aelod o Gyngor Dwyfor o 1974 i 1986, yn aelod o Gyngor Sir Gaernarfon o 1970 i 1974. Gwasanaethodd hefyd ar Gyngor Gwynedd am nifer o flynyddoedd ar ôl ei ffurfio yn 1974. Gwobrwywyd ef â'r OBE yn 1990 am ei wasanaeth i'r cymunedau a thu hwnt. Gwnaeth ei gartref yn Hendre Bach, Aberdaron, ac fe'i claddwyd ef yn Mynwent Llanfaelrhys.

BRYNMAWR

Ffynnon Cefnen Bach

Dywed Caniedydd yr Ysgrythyr Lân
Fod torth a llymaid y dyn da yn siŵr;
A llawer yn moliannu'r dorth ar gân,
Goddefer hyn o ddiolch am y dŵr.

Diodi Teulu'r Boncan ym Mrynmawr
Yw gwaith beunyddiol Ffynnon Cefnen Bach,
Rhaid dod yn ostyngedig ar i lawr
I dderbyn rhin ei dyfroedd peraidd iach.

Hi ydyw gobaith y brodorion hyn
Yn wyneb pob arwyddion oddi draw;
Ei tharddiad sydd o dan sylfeini'r bryn,
Ac ni ddibynna ar y gwynt na'r glaw.

Fe lif ei diod offrwm hi yn rhodd,
A'r bratiau budron hefyd hi a'i gylch,
Ei chyfoeth a lifeiria wrth ei bodd,
Heb fod na chais na gosteg yn ei chylch.

Yng ngwres yr haf, heb ddim ond cwmwl gwyn,
Ni welodd neb mo'r ffynnon fach yn sych;
Cyflenwa raid y pentref ar y bryn,
A'i gofer red i'r man lle brefa'r ych.

Diolch amdani yn ninodedd Llŷn,
Yn help i bererinion ar eu taith,
Onid yw hithau, yng ngwasanaeth dyn
Yn rhan o drefn yr eangderau maith?

Ap Lleyn*, Betws Garmon

71

William Jones 'Ap Lleyn'

Ganwyd yn Sarn Mellteyrn yn 1875. Aeth i ddilyn galwedigaeth ar y môr pan oedd yn 14 mlwydd oed, ar fwrdd y sgwner Minna Elkan o Nefyn. Yn ddiweddarach, yn dilyn damwain oddi ar arfordir gorllewinol De America pan gollodd ran o'i goes, cafodd waith ar y dociau yn Lerpwl. Bu'n arolygu llwytho a dadlwytho llongau ei hen gwmni nid yn unig yn Lerpwl ond hefyd mewn porthladdoedd eraill ym Mhrydain ac ar y Cyfandir. Cymerai ran flaenllaw ym mywyd crefyddol, diwylliadol a chymdeithasol Cymry Lerpwl. Daeth i amlygrwydd fel bardd, a chafodd ei urddo gyda'r enw barddonol 'Ap Lleyn' yn Eisteddfod Llangollen. Bu farw yng Nghymru tua'r flwyddyn 1955.

SARN MELLTEYRN

Sasiwn y Sarn

Cynhaliwyd Sasiwn Gyntaf Llŷn ar ddyddiau Iau a Gwener, y 13eg a'r 14eg o Fehefin, 1901. Bu y syniad o gael Cymanfa Bregethu yn Sarn Mellteyrn, yng nghanol gwlad Llŷn, yn meddyliau caredigion crefydd ers blynyddoedd, ond oherwydd anfanteision y lle methid anturio. Eleni, modd bynnag, cymerwyd y mater i fyny yn frwd, a daeth y Cyfarfod Misol yn gefnogol i'r achos. Cynhaliwyd y Cyfarfod Misol ynglyn â'r Sasiwn, dydd Iau, am 12.30 ynghyd â chyfarfod i'r bobl ieuainc am 4, pryd yr anerchwyd torf fawr ohonynt yn bwrpasol dros ben gan y Parchn. Wynn Davies, Lerpwl a Dr Cynddylan Jones. Yn dilyn caed cyfarfod cenhadol dan lywyddiaeth y Parch. W. Jones, M.A. a thraddodwyd anerchiadau effeithiol iawn gan Miss Evans, y genhades, a Dr Griffiths, Cassia. Pregethwyd yn y capel nos Iau gan Dr Jones. Dydd Gwener, ar y maes, pregethwyd gan y Parchn Wynn Davies; S.T. Jones, Rhyl; John Williams, Lerpwl; a Dr Jones. Trodd Sasiwn gyntaf Llŷn yn llwyddiant mawr. Rhifai y dyrfa tua *6,000*. Roedd y dylanwad yn orchfygol.

Beren*

* Mr T. Evans Gruffydd, 'Beren', 1853/1914, Bodgadle, Rhydyclafdy

Gallwn ychwanegu fod clywed am y dylanwad yn llonder i'n hysbryd. Ar gyfnod marwaidd fel y presennol ar grefydd, a ninnau, yn ôl geiriau y diweddar Llewelyn Llewelyn, yn gorfod ffarmio heb y nefoedd, y mae ychydig o lewyrch ar y weinidogaeth fel dyfroedd yn yr anialwch cras i'r teimlad. Deallwn fod Sasiwn Llŷn yn debyg o fod yn sefydliad blynyddol bellach fel eiddo Môn. Ai ni allai siroedd amaethyddol eraill ganlyn yn yr un cyfeiriad?

(Y Drysorfa, Awst 1901)

Sasiwn Sarn, 13-14 Mehefin, 1901

Rhan o'r orymdaith yno neu yn dyfod oddiyno.
Yn eu plith gwelir ar y chwith yn y gwaelod, y Parch. John Puleston Jones (1862-1925), Gweinidog
Dinorwig a'r Fachwen ar y pryd; a hefyd ar y dde, y Parch. John Williams (1854-1921),
Brynsiencyn.

74

Nis gwn pwy a feddyliodd gyntaf am gael Sasiwn ym Mhen Llŷn. Hwyrach y byddai yn dda penderfynu hynny ar unwaith, rhag ofn y bydd hyn yn peri trafferth i hynafiaethwyr ymhen y can mlynedd i ddyfod. Gwyddom pwy sydd wedi bod yn fwy selog gyda hi, pwy bynnag feddyliodd gyntaf amdani. Ond pwy bynnag ydyw dylai gael y credyd o fod yn deall agwedd meddwl ac ysbryd gwlad Llŷn. Er y dydd y rhoddodd Howel Harris ei droed gyntaf ar wlad Llŷn nid oes yr un rhan o Gymru wedi derbyn yr efengyl yn fwy chwannog. Mae wedi bod fel y ddaear sydd yn yfed y gwlaw sydd yn mynych ddyfod arni, ac fel y tir da yn y ddameg yn gwrando y gair gyda chalon hawddgar a da. Ac er fod Howel Harris o dan ei glwyfau a'i archollion pan yn pregethu yma y tro cyntaf, eto nid yma y cafodd hwy, ond yn hytrach yn nhref y Bala. A gellir eu cydmaru i'r ddau le hynny – Berea a Thessalonica – a dweud, 'y rhai hyn, pobl Llŷn, oedd foneddigeiddiach na'r rhai oedd yn y Bala, y rhai a dderbyniasant y gair gyda phob parodrwydd meddwl'. Gyda'r eithriad o ddau neu dri o bersoniaid, a rhyw un neu ddau o grach-foneddigion, yr oedd yr holl wlad yn derbyn Howel Harris gyda breichiau agored. Credwn fod y tri theulu uchaf yma yn gefnogol iddo: Madryn, Nanhoron a Chefnamwlch. Mae yma barch mawr i'r efengyl a chydymdeimlad dwfn â hi ar hyd yr oesoedd. Byddai miloedd yn myned i wrando ar Howel Harris ar ei wahanol deithiau yma, yn enwedig ar y Rhosddu. Credwn hefyd fod gwell Sasiynau ym Mhwllheli ar y cyfan nag yng Nghaernarfon a Bangor, am y rheswm fod mwy o gydnawsedd rhwng pobl Llŷn a'r efengyl. Gan hynny, priodol iawn ydyw myned a Sasiwn i ganol gwlad Llŷn, sef i'r Sarn.

Bu yr holl Dadau Methodistiaid cyntaf ac enwocaf yn pregethu yn Llŷn, sef Howel Harris, Daniel Rowlands, Williams 'Pantycelyn', Peter Williams a Howel Davies. Mawr oedd breintiau ein Tadau yn cael clywed y gwŷr enwog hyn. Howel Harris oedd y Methodist cyntaf a bregethodd yn Llŷn, ac yn Sir Gaernarfon. Ni bu yma ond rhan o ddau ddiwrnod, ond gwnaeth waith er hynny yn ystod y ddau ddiwrnod ag y bydd cofio amdano i dragwyddoldeb.

Howel Harris ydyw tad Methodistiaid Llŷn. Pregethodd mewn tri lle yma: yn ymyl Llanfihangel, dwy waith yn Rhydolion, a dwywaith yn Nhowyn, Tudweiliog. Mae darluniad Robert Jones, Rhoslan, o'r bregeth gyntaf yn hynod o fyw ac effeithiol, sef yr un yn Llanfihangel: 'Ymgasglodd yno dyrfa fawr', meddai 'i wrando arno'. Pregethodd noswaith yr un diwrnod a boreu drannoeth yn Rhydolion. Roedd arddeliad mawr eto ar yr oedfeuon yn y lle hwn – y gynulleidfa yn toddi o dan y weinidogaeth, a wylo mawr drwy y lle. At y prydnhawn a'r nos aeth i Dowyn. A braidd nad oedd cymaint o ddylanwadau yn dilyn yr oedfeuon hyn ag oedfa hynod Llanfihangel. Roedd cannoedd wedi dyfod i wrando, er mai y diwrnod hwnnw yr oeddynt wedi cyhoeddi yr oedfeuon. Pregethodd y nos drachefn gyda mwy o ddylanwad na'r prydnhawn ar 'Trwy ras yr ydych yn gadwedig, trwy ffydd; a hynny nid ohonoch eich hunain; rhodd Duw ydyw'. 'Cafodd llawer yno eu gwir ddychwelyd' meddai Robert Jones yn *Nrych yr Amseroedd*, 'y rhai a fuont wedi hynny yn addurn i'w proffes, ac yn ddefnyddiol yn eu hoes.' Un oedd John Griffith Ellis, un o bregethwyr hynotaf ei oes, ac un arall oedd un o ferched Tyddyn Mawn, Penllech, yr hon a fu wedi hynny yn wraig i Jenkin Morgan, gweinidog parchus gyda'r Annibynwyr ym Môn a mannau eraill.

Ymhen tua blwyddyn ar ôl Howel Harris daeth yma bregethwr ieuanc arall hynod iawn, yr hwn oedd ŵr eglwysig, sef David Jenkins, yr hwn a fu farw ymhen ychydig fisoedd ar ôl bod yma. Rhwystrwyd ef i bregethu yn Llan, Tudweiliog, ac felly safodd wrth ochr y Llan i bregethu. Un o'r oedfeuon mwyaf neillduol oedd hon a fuasai o'r blaen yn y wlad.

Ymhen tua chwe blynedd ar ôl i Howel Harris ddyfod yma daeth yr enwog Daniel Rowland, Llangeitho, yma, a chafodd un o oedfeuon hynotaf ei oes, a hynny o fewn rhyw ddwy neu dair ergyd carreg i'r fan lle yr ydym ni yn awr, sef wrth bont Mynwent Mellteyrn. Safai ar ben carreg farch oedd yn y lle, yr hon oedd yn aros, mi gredaf, hyd o fewn ychydig flynyddoedd yn ôl pan yr adeiladwyd yr eglwys o'r newydd. Daeth torf luosog o bobl i wrando arno. Ei destun oedd: Jeremeia 30: 21

... 'Canys pwy yw hwn a lwyr roddodd ei galon i nesau ataf fi?' Meddai Robert Jones, 'canys torrodd allan yn un floedd orfoleddus o wylo a diolch ar lawer yn y gynulleidfa megis y blwch enaint yn llenwi y lle â'i berarogl; ac nid anghofiwyd y tro hwn gan lawer ddyddiau eu hoes.' Gawn ninnau ddisgwyl am bregeth felly eto y Sasiwn gyntaf yn y Sarn yma am oesoedd i ddyfod, fel na bydd modd myned ymlaen hebddi?

Credwn i Williams, 'Pantycelyn', a Peter Williams, fod ar daith amryw weithiau yn Llŷn, a byddai cynulleidfaoedd mawrion yn dyfod i wrando arnynt. A'r un o'i deithiau yma digwyddodd peth tra hynod i Williams, 'Pantycelyn', sef yn y Nant, neu Saethon Bach, y pryd hynny, pan y dychwelyd dyn annuwiol iawn trwyddo. Ar ganol ei bregeth, dywedai y pregethwr fod yn y gynulleidfa ryw ddyn mawr, yr hwn oedd yn rhaid i'r Arglwydd wrtho, ac yr oedd yn rhaid i'r Arglwydd ei gael. Roedd y gynulleidfa ar y pryd yn sefyll, rhan ohoni allan o flaen y tŷ, a rhan arall o fewn y tŷ. Wedi dywedyd hyn, edrychai y pregethwr ar y bobl oedd allan, fel un a yspiai yn fanwl am y 'dyn mawr' y chwiliai yr Arglwydd Iesu amdano. Yn y cyfamser yr oedd math o arswyd wedi disgyn ar yr holl ddynion mawr a chorfforol ag oedd yn y lle, a phob un yn ymofyn, gyda phryder a braw yn ei fynwes ei hun, 'Ai myfi yw?' Ond wedi i'r pregethwr edrych yn graff ar y bobl oedd allan, a methu ei gael, fe droes, gan ddweud, fod yn rhai mai yn y tŷ yr oedd, ac edrychai yn fanwl amdano, ond nid hir y gadawyd iddo chwilio amdano, cyn bod rhyw ddyn a elwid 'Robin, y Betris', yr hwn oedd yn ddyn mwy ei gorffolaeth na'r cyffredin, yn neidio i fyny fel un wedi ei ddal, gan lefain yn groch am ei fywyd! Trwy y dull hynod hwn, fe'i daliwyd ef megis â gwys brenin; teimlai argyhoeddiad sicr mai efe oedd yr un a ymofynai amdano; a chan deimlo mai ofer oedd iddo wingo yn erbyn y symbylau, efe a ymostyngodd, gan lwyr ymroddi i Grist a'i wasanaeth o hynny allan.

Cafodd Methodistiaeth afael gadarn a chref ar unwaith ar Lŷn ac y mae wedi dal ei gafael o hynny hyd yn awr. Roedd amryw bregethwyr wedi codi ymhen y tair neu bedair blynedd ar ôl taith gyntaf Howel Harris, ymysg y rhai hynotaf o ba rai yr oedd: Siarl Marc, John Griffith Ellis a Morgan Griffith, neu fel y gelwid ef 'Morgan y Gogrwr'. Am Morgan Griffith ni bu efe yn pregethu ond rhyw dair neu bedair blynedd. Torrodd ystorm ofnadwy o erledigaeth y pryd hynny, a daliwyd Morgan druan, a hynny o fewn rhyw ddwy neu dair ergyd carreg i'r lle yr ydym yn awr, sef ar y clwt glas sydd o dan tŷ fferm Mellteyrn, ar fin y brif-ffordd. Yn ôl pob tebyg yr oedd wedi bod yn pregethu yn ysgubor Mellteyrn. Roedd Beibl yn ei feddiant ar y pryd, fel fyddai gan yr hen bregethwyr y pryd hwnnw ar eu teithiau. Wedi cael ei ddal fe roddodd Morgan Griffith ei Feibl i un o'i berthynasau. Fe aed â'r hen bregethwr i ffwrdd i'r carchar, ac o garchar i garchar, ac i'r llynges, a ddychwelodd o byth yn ôl ond am rhyw ddiwrnod neu ddau. Ond fe gadwyd yr hen Feibl yn ofalus yn y teulu. A chedwir ef yn awr yn amaethdy Tŷ Mawr, Clynnog.

Dyna ryw ysgub fechan oddiar faes hanes Mcthodistiaeth yn Llŷn, a chredaf nad anfuddiol ei chyhwfanu hi o flaen Sasiwn gyntaf y Sarn. Credaf nad anfuddiol galw sylw at ein tadau yn y rhan yma o'r wlad a'r hyn a wnaeth yr Arglwydd drwyddynt, gan gofio 'mai eraill a lafuriasant, a ninnau a aeth i mewn i'w llafur hwynt', a'n bod ni yn cael medi yr hyn y llafuriasant hwy gydag ef.

Anerchiad gan y Parch. Henry Hughes, Bryncir, Eifionydd
yn Sasiwn y Sarn, Mehefin 13-14, 1901

Roedd Henry Hughes (1841-1924) yn awdur a hanesydd. Ganwyd ef yn Nghefn Isa, Rhoslan, ac ar ôl marwolaeth ei dad, symudodd y teulu i Borthmadog. Bu'n weinidog ar eglwysi Bryncir, Brynengan a Garndolbenmaen yn Eifionydd. Ysgrifennodd doreth o erthyglau ar hanes lleol, yn ogystal ac am deuluoedd ei fro.

BRYNCROES

Mynwent Eglwys Santes Fair

Y mae'r fynwent yn mesur rhyw 90 llath o hyd, a 40 llath o led, ac y mae wedi ei hamgylchynu gan wal gerrig. Y mae'r brif fynedfa i'r fynwent ar yr ochr ddeheuol. Uwchben y porth y mae yna fwa o gerrig a godwyd yn 1906, a gerllaw y llwybyr, rhwng y porth a phorth yr Eglwys ceir deial sydd yn dyddio'n ôl i'r flwyddyn 1692.

Y mae yno amryw o gerrig beddau diddorol i'w gweld gan gynnwys un **Ieuan ap Rhisiard**, 'Bardd Bryncroes', a fu farw ar Awst 14eg, 1832, yn 62 mlwydd oed . . .

> Rhag awr ein dirfawr derfyn – er y byd,
>   Ni arbedir undyn:
> Gwely bardd yw gael briddyn,
> O fewn llwch mae efan Lleyn.

Owain Lleyn

> Tra bod Leyn a dyn adwaeno – fedrus
>   Iawn fydrwaith y Cymro:
> Y ceir Ieuan Fardd mewn co',
> A mawl addas mil iddo.

Ellis Owen

Teulu **Mynachdy**, Sarn – masnachwyr enwog yn eu dydd.

> Mis mawr i Tomos Morys – fu'r Hydref,
>   Ond o'i frwydrau dyrys
> Gwelai'r lan a'r disglair lys,
> Yn iach ŵr mwyach erys.

Gwilym Berw

Rhaid yw dweud, na roed i dŵr
Daear llan well darllenwr.

Ger y cwr deheuol o'r wal, y mae cof-gist Capten **Griffith Jones**. Daeth yn ei ôl i Craig-yr-Ewig, Sarn, ar ôl treulio 25 o flynyddoedd yn Awstralia. Rhoddwyd yr enw ar ei gartref ar ôl yr anifail hoffus a chyflym oedd i'w weld yn rhodio mor aml ar hyd a lled yr ardal gynt. Bu **Robert** ei frawd farw yn Calcutta, Yr India; a'u tad, **John Griffith**, a foddwyd ar fwrdd y llong Monk, ym Mae Caernarfon.

Ac yno hefyd y claddwyd **Ieuan Lleyn**, awdur yr emyn 'Y Cysur i gyd'. Bu'n cadw ysgol yn yr hen eglwys. Anrhydeddwyd ef yn fardd ar ben bryn yn Arfon, yn ôl trefn a defod Beirdd Ynys Prydain yn 1799, yn fardd cadeiriol Gwynedd. Hefyd **Siarl Marc**, y pregethwr Methodistaidd, a chyfansoddwr emynau, a fu farw Mai 17eg, 1795 yn 75 oed; a **William Jones**, Coch-y-Moel, Bryncroes, yr hynafiaethydd, ac un oedd yn hyddysg mewn rhifyddiaeth a seryddiaeth.

Y Ddau Frawd o'r Galltraeth

Roedd Capel y Bedyddwyr Galltraeth gynt wedi ei leoli allan o'r ffordd fawr ym mherfeddion y wlad. Troi i'r chwith cyn cyrraedd cornel Capel Rhydbach, yr Hen Gorff, ac yna ymlaen yn droellog tua hanner ffordd i fyny yr allt heibio Y Lôn, lle ganwyd y Parch. Emlyn Richards, Cemaes, Môn, i gyfeiriad y Tyddyn, a fu gynt yn addoldy poblogaidd gan y Wesleaid, ar lethr Mynydd y Rhiw. Doedd dim sôn am uno enwadau yn y dyddiau pan godwyd yr addoldy hynny mae'n siŵr – tri chapel gwahanol a thri enwad gwahanol wedi'u lleoli ddim llawer mwy na rhyw filltir oddi wrth ei gilydd, a hyd yn oed Bethel, yr Annibynwyr ddim ymhell o'r Tyddyn wedyn. Ond nid oes yn aros ond Capel Rhydbach ohonynt erbyn heddiw.

Dechreuwyd pregethu yn Galltraeth yn y ddeunawfed ganrif. Yn 1788 bedyddiwyd Mary Hugh Bevan, Galltraeth, a Mary Isaac, Bwlchyrhiw, gan y Parch. Daniel Davies (1756-1837), Ffynnonhenri, un a fu'n genhadwr yng ngogledd Cymru rhwng 1785 a 1789. Yn fuan ar ôl hynny, bedyddiwyd William Roberts a Catherine Jones (1766-1823), sef gwraig gyntaf y Parch. Christmas Evans (1766-1838), gan Daniel Davies eto. Daeth y William Roberts hwnnw yn bregethwr, oedd yn cael ei adnabod fel 'William Roberts Bach'. Yn nhŷ Marged Issaac, Bwlchyrhiw, ac ar ei chymhelliad hi oherwydd i'r eglwys gael ei siomi o fod heb bregethwr, y dechreuodd W. Roberts bregethu yn 1788.

Roedd Mary Hugh Bevan yn berchen tir a thai yng Ngalltraeth ac yn noddwraig i'r achos yno o'r cychwyn. Priododd Thomas Jones, o Lansantffraid Glan Conwy, sef brawd yng nghyfraith i'r Parch. Ellis Evans (1786-1864), Cefnmawr, gweinidog gyda'r Bedyddwyr, ac awdur nifer o gyfrolau fel: *Cofiant Abel Vaughan, Hanes y Bedyddwyr* ac *Egwyddorion Sylfaenol Ein Cyfundeb.* Ac ar ei thir hi, a thrwy ei hymdrech hi yn bennaf yr adeiladwyd Capel Galltraeth, yr un pryd â Chapel y Bedyddwyr Talgraig, yn Llangian yn 1819. Yn ei hewyllys gadawodd y tir a'r tai at gynnal yr achos yn Galltraeth.

Y mae Capel Galltraeth yn adfeilion erbyn heddiw, ac mae trigain mlynedd wedi mynd heibio ers pan ddaeth yr achos i'w ben yn 1949.

W. Arvon Roberts

Un o'r hanesion rhamantus a rhyfeddol a ddaeth i'r golwg oedd honno a ymddangosodd mewn ffilm-ddogfen gan Wil Aaron, yn y gyfres Almanac gan Ffilmiau'r Nant, yn ôl yn wythdegau'r ganrif diwethaf. Stori ydoedd am Griffith a Watkin Jones, dau frawd, a'r unig aelodau oedd ar ôl yn y capel erbyn y blynyddoedd olaf. Ysgrifennwyd y sgript gan W.S. Jones (Wil Sam) 1920-2007. Chwareuwyd rhan y brodyr yn wych gan yr actorion Stewart Jones, Cricieth, a'r diweddar Gari Williams. Dyma fel y cofnodir yr hanes am y ddau frawd gan wefan: *rhiw.com* (2005) . . .

'Cafodd y ddau frawd ffrae gyda'i gilydd gyda'r canlyniad iddynt dreulio gweddill eu hoes heb siarad gair â'u gilydd, er iddynt fyw o dan yr un to, yn Mountain View (Rhiw Awel heddiw), ac addoli yn yr un capel, sef Galltraeth.

Yn ôl yr arferiad ym mlynyddoedd olaf yr achos yno, cynhaliwyd pregeth un Sul y mis, ac erbyn y diwedd dim ond Griffith a Watkin fyddai'n bresennol. Y drefn fyddai i Griffith gymryd yr oedfa ac arwain y canu yn y Sêt Fawr, gyda Watkin yn eistedd yn y sedd ôl, a'r gwasanaeth yn cael ei gynnal yn hollol naturiol.

Roedd Watkin Jones yn broffwyd tywydd da, ac fe gafodd ei wahodd ar un achlysur i siarad ar y pwnc ar y radio. Griffith Jones oedd yr un mwyaf cerddorol o'r ddau, a gan nad oedd yno organ, yr oedd yn dibynnu ar fforch daro. Roedd hefyd yn dipyn o adeiladydd, ac ef fyddai yn arfer gwneud y gwaith atgyweirio i'r capel pan y byddai angen hynny. Un o'i gyfrinachau wrth wneud concrid fyddai defnyddio baw gwartheg. Barddoniaeth oedd un arall o'i ddoniau, cafodd y ffug-enw barddonol 'Ehedydd Mai'.

Bu Watkin Jones farw yn 1942, yn 78 mlwydd oed. Defnyddiwyd ceffyl a throl o Siop Brynllan, Bryncroes, i gludo'r arch i'r fynwent, ger y capel. Mae hanes marwolaeth Griffith, ei frawd, yn fwy cyffrous. Roedd ganddo ddau gi, daeargi bach ffyddlon a'i dilynai i bobman, a'r llall yn gi ffyrnig a pheryglus na fyddai byth yn cael ei adael yn rhydd. Un nos Sadwrn o aeaf, aeth Griffith Jones i Dyddyn Siencyn, Bryncroes i nôl tatws, gyda'r daeargi yn ei ddilyn ef. Roedd yr eira wedi dechrau disgyn, ac roedd hi yn dal i fwrw eira pan adawodd oddi yno ar ôl oedi beth amser. Fore drannoeth, gwelodd y cymdogion yr hen gi bach yn rhedeg yn ôl a blaen rhwng Mountain View a hanner ffordd ar hyd y lôn bach, ar ôl ymchwilio, cawsant hyd i gorff Griffith Jones yn farw yn yr eira.

Roedd angen cael y corff i'r tŷ ar ôl hynny, ond gan fod cwt y ci ffyrnig mor agos a'i gadwyn mor hir fel y gallai gyrraedd y llwybr oedd yn arwain at y tŷ, fentrai neb yno. Galwyd ar blismon, a hefyd Richard Hughes, Bronllwyd Bach (fferm cyfagos) oedd yn berchennog gwn, gyda'r bwriad o saethu'r ci wrth iddo ruthro allan, ond am rhyw reswm (oglau'r gwn, yn ôl rhai) ni adawai y ci ei gwt. Yn y diwedd, bu raid tynnu rhai o'r llechi oddi ar do y cwt, a'i saethu o'r fan honno. Nid oedd eu helyntion drosodd eto, gan ei bod yn dal i fwrw eira ar ddydd yr angladd, gydag allt serth i lawr o Mountain View i Gapel Galltraeth, roedd ofn y byddai'r drol a'r arch yn taro caseg Bronllwyd Bach, a'r cyfan yn llithro i bob cyfeiriad. Y diwedd fu cael rhaffau wrth y drol, gyda'r cymdogion yn dal yn ôl ar y ffordd i lawr. Gaeaf 1844 oedd hi, ac roedd Griffith Jones yn 74 mlwydd oed.'

rhiw.com

Y Parchedig Christmas Evans (1766-1838). Yn 23 mlwydd oed daeth yn bregethwr teithiol i Lŷn. Pregethai'n achlysurol yn Galltraeth, yn ogystal â chapeli y Bedyddwyr yn Ty'n Donnen, Rhosirwaun, Llangian a Nefyn, hyd nes iddo ef ymadael i Langefni, Môn yn 1792.

Hen Gapel

Y mae rhyw bwt o adfail yng Ngalltraeth;
Hen gapel Batus oedd o.
Ei do a aeth yn lloches haf
I rhyw athro o Sais.
Edrychai ei aelodau gynt ar fedydd
Mewn llyn yn y cae gerllaw;
Heddiw defaid gaiff fedydd yn y llyn
Cyn eu cneifio.

Mae ei fynwent yn wyllt, –
Rhedyn, mieri, a gwellt.
Y cerrig bach gwynion oedd ar y beddi
Maen't heddiw fel mwsogl gwyllt
Wal o eiddew trwchus, gwyrdd, yw ei dalcen;
Mae un ochor iddo ar y llawr.

Pe gwelai ei weinidog olaf ef,
Ni wn ei eiriau ar fy llw.
Efallai mai llewygu a wnai.
Pwy a ŵyr?

Geraint Owen Hughes, Botwnnog
(*Y Gloch*, Ysgol Botwnnog, 1971)

TUDWEILIOG

Coeten Arthur

Y mae'r gromlech hynafol uchod ar dir Trefgwm, Mynydd Cefn Amwlch, Tudweiliog. Mae wedi goroesi y canrifoedd, ac yn gorffwys yn ddi-syfl mewn tair colofn gref, mor berffaith o ran eu hymddangosiad y gallwn feddwl, a phan godwyd y gromlech yn gyntaf gan yr hen dderwyddon. Yn ôl yr hanes, cludwyd y cerrig wyth milltir i ffwrdd o Fynyddoedd yr Eifl, ac mae traddodiad bod un o'r brenhinoedd Cymreig wedi ei gladdu oddi tanynt. Hyd yn hyn, mae'r meini wedi'u harbed gan y dwylo ysbeilgar sydd wedi gwneud cymaint o gerrig hanes yn gerrig cloddiau.

Coeten Arthur

Capten Thomas Owen, F.R.G.S., Minafon

'Enwau ei rieni oedd Owen ac Anne Owen. Roedd ei fam yn nodedig am ei threfnusrwydd a'i glanweithdra. Amaethwr a melinydd hynod o fedrus oedd ei dad. Magodd ei rieni ddyaid o blant yn foneddigaidd a chrefyddol, a phan ddaeth Diwygiad '59 i gerdded a goddeithio y wlad, taniwyd hwy yn y diwygiad nerthol hwnnw, a chafodd eu mab, Tom, brofi peth o'i wres, er nad ydoedd ond ieuanc iawn, ac arhosodd yn ddylanwad iach a dyrchafol ar ei fywyd ar hyd ei oes.

Cefnodd ar ei gartref glân a chysurus yn fachgen tua 14 oed gan ddechrau ei yrfa ar y môr, a thrwy benderfyniad di-ildio i orchfygu anhawsterau, gwnaeth gynnydd cyflym yn ei alwedigaeth. Yn gynnar yn ei oes daeth yn un o'r capteiniaid mwyaf medrus a llwyddiannus, a hynny ar rai o'r llongau hwyliau mwyaf oedd yn marchogi'r weilgi y pryd hynny. Roedd yn sylwedydd hynod o graff, fel na chaffai ynys na chraig ym mhellafoedd y moroedd ddianc heb ei sylw manylaf, a gwnaeth rai darganfyddiadau pwysig a ddaeth o werth mawr i forwriaeth rhag llaw. Yn gydnabyddiaeth am y gwasanaeth gwerthfawr hwnnw, gwnaed ef yn F.R.G.S. anrhydedd na ddaeth i ran neb arall yn Llŷn (pryd hynny). Yn ystod y cyfnod hwnnw hefyd priododd ag un o rianod ei fro enedigol, sef Miss Ellen Williams, merch Richard ac Ellen Williams, Pwllcwd (Tudweiliog).

Wedi gyrfa hynod o lwyddiannus, ymneilltuodd o'r môr yn ddyn cymharol ieuanc, ac ymgartrefodd yn Lerpwl, lle y bu iddo ef a'i gyfaill agos agor swyddfa yn ymwneud â morwriaeth, a throdd yr anturiaeth honno hefyd yn llwyddiant. Ymaelododd yn Eglwys David Street, a bu yno am tua deuddeng mlynedd. Ymwelai yn aml â gwledydd y Cyfandir gan dreulio llawer o'i amser yn yr eglwysi cadeiriol, ac yn orielau y darluniau yn astudio ac edmygu athrylith rhai o brif arlunwyr yr oesau. Yn ystod y cyfnod y bu yn byw yn Lerpwl croesodd hefyd gyfandir yr America o Efrog Newydd i'r Môr Tawel.

Gadawodd y ddinas fawr a berw ei masnach gan droi ei wyneb yn ôl am dawelwch ei hen ardal. Roedd wedi paratoi ymlaen llaw ar gyfer y cyfnod hwnnw drwy adeiladu tŷ hardd, sef Minafon, (Tudweiliog) i fod yn gartref iddo ef a'i briod; nid oedd safle y tŷ hwnnw ond rhyw chwarter milltir o Felin Penllech, sef man ei enedigaeth.

Ysgrifennodd lawer i'r newyddiaduron ac i'r gwahanol gylchgronau gan gynnwys *Y Geninen, Y Traethodydd, Y Drysorfa, Lladmerydd, Y Gymraes* a *Trysorfa y Plant.* Ymddangosodd ysgrif ddiddorol ganddo yn Y Geninen ar un o gymeriadau digrifol ei ardal. Bu'n selog a gweithgar hefyd gyda phob symudiad a dueddai i ddyrchafu dyn a gwella agwedd a chyflwr cymdeithas. Bu'n flaenor yng Nghapel M.C. Tudweiliog am ddeuddeng mlynedd olaf ei oes. Dilynai y Cyfarfod Misol a bu'n gynrychiolydd i'r Cymdeithasfaoedd. Bu ganddo ddosbarth o fechgyn ieuanc yn yr Ysgol Sul, a chymerai ddiddordeb neilltuol ynddynt fel athro, ond aeth y gwroniaid hynny allan i gynorthwyo eu cymrodyr yn y Rhyfel Byd Cyntaf. Daliodd ef afael di-ollwng ynddynt drwy gydol yr alanas, gohebai a hwynt ac anfonai roddion iddynt a gweddiai fwy na mwy drostynt. Ond cyn iddynt ddychwelyd o wahanol wledydd y ddaear roedd eu hathraw wedi mynd, i beidio dychwel mwy. Nifer dyddiau ei ymdaith oedd deuddeg mlynedd a thriugain, bu farw Mehefin 11, 1919.'

(*Y Drysorfa*, Hydref 1921)

Porthor

LLANGWNNADL

Dirgelwch tywod chwibanogl Porthor

Pe byddai yna fedal yn cael ei rhoi am y tywod mwyaf cerddorol rwy'n siŵr mai Porthor, ar Benrhyn Llŷn, fyddai'n ennill. Mae'n draeth deniadol, wedi ei amgylchynu gan glogwyni isel ac wedi ei bacio gyda thywod meddal sy'n canu yn rhwydd ar y cyffyrddiad ysgafnaf.

Nid oeddwn yn gwybod dim am dywod cerddorol hyd nes y bu imi ddarllen erthygl amdano gan Mr Carus Wilson, mewn llyfr o'r bedwaredd ganrif ar bymtheg. Y mae'n ymddangos bod Mr Wilson wedi ei swyno oherwydd bod rhai tywod yn canu pan yn cael eu chwipio gan y gwynt, tra bo enghreifftiau eraill yn aros yn fud. Beth tybed yn ei feddwl ef, oedd y gwahaniaeth?

Er mwyn datrys y dirgelwch dechreuodd ymgymeryd â chyfres o arbrofion ar samplau o bob rhan o'r byd.

Daeth ef i'r casgliad, fod yn rhaid i dywod cyn y gall ganu fod yn silicaidd (carreg wen), yn anghyffredin o lân, a'r gronynnau yn grwn ac unffurf mewn maint. I brofi ei bwynt rhoddodd dywod cyffredin drwy hidl i sicrhau bod y maint yn gywir, rowliodd ef i lawr gwydr ffrostio i ddidoli y gronynnau crwn, a gwnaeth yn siŵr ei fod yn wichlyd o lân drwy ei olchi mewn asid hidroclorid wedi ei deneuo.

Pan roddwyd y tywod oedd wedi ei drin mewn llestr a'i daro gyda llwy bren yr oedd y seiniau a wnaed i'w clywed yn yr ystafell nesaf. Roedd wedi cynhyrchu tywod cerddorol ef ei hun.

Sut bynnag, darganfu, y gallai y tywod fod yn wamal ac weithiau gwrthodai berfformio. Ni allai ddarganfod eglurhad am hynny, arwahan y gallai fod yn deimladol i awyrgylch.

Ymysg y lleoedd a enwir ganddo sydd â thywod cerddorol yr oedd: Studland, Swydd Dorset; Ynys Eigg; Suez a Hawaii. T'oedd yna ddim sôn am Porthor (Llangwnnadl).

Roeddem ar wyliau yng Nghricieth pan glywsom am Borthoer, bae oedd yn ddigon agos inni dalu ymweliad ag ef. Cychwynom yn syth i'w ddarganfod, gan ddisgwyl gwneud llawer o gerdded, ond yr oeddym wedi ein synnu'n bleserus gan ei fod wedi ei fynegbostio yn dda. Cyn gynted ag yr oeddem wedi cerdded o'r maes parcio i'r traeth, dechreuodd y tywod wneud sŵn o dan ein traed.

Cerddasom, rhedasom, tarawyd y tywod gyda'n bodiau ac ymatebodd yn rhwydd. Rhedodd ci heibio ac roedd yna sŵn gwichian gan y tywod o dan ei bawennau.

Roedd y cyfan o'r bae ysgubol hyfryd hwnnw yn gerddorol ar wahân i un darn o flaen y llwybr i lawr i'r traeth. Yn ogystal â bod yno ddigon o dywod meddal, glân, roedd yno greigiau deniadol, yn arbennig rhai mewn gwahanol liw gwyrdd.

Mae'n bosib codi rhai cerrig llyfn yno oherwydd y drws nesaf i'r fan y mae yna waith bychan lle y cloddwyd 'jasper' ar gyfer diwydiant gemwaith ar un adeg, oedd yn ffynnu yn Aberdaron flynyddoedd yn ôl.

Nid oes fawr neb yn sôn am dywod cerddorol y dyddiau hyn, ond y mae'n braf gwybod fod yna beth ar gael o hyd, yn canu neu yn chwibanu i'r rhai sydd yn barod i aros a gwrando.

Dorothy Stiffe (cyfieithiad o erthygl o'r *Country Quest*, Mai 1994)

Ar arfordir gogleddol Llŷn, ym mhlwyf Aberdaron, saif traeth a elwir bellach yn Porth Oer. Yn sicr Porthor 'y gwyliwr' oedd ffurf wreiddiol yr enw hwn ac y mae'r enw'n cyfeirio at graig enfawr sy'n sefyll megis porthor ger pen gogleddol y porth. Ychydig ymhellach i'r de y mae porth arall a gafodd yr enw Porthorion. Mae'r enw hwn bron yn sicr yn cyfeirio at ddwy graig enfawr Dinas Fawr a Dinas Fach sy'n sefyll yn y môr gerllaw megis gwylwyr.

Tomos Roberts (*Ar Draws Gwlad*, Gwasg Carreg Gwalch, 1997)

Drylliad yr Agerlong Stuart

(Ym Mhorth Tŷ Mawr, Hebron, Llangwnnadl, Y Pasg, Ebrill 6, 1901)

Y niwl a orweddai fel hunllef breuddwydiol
Dros wyneb y weilgi aflonydd yn awr,
Tra'r Stuart a deithiai ymlaen yn ddireol
Nes taro'n ddirybudd ar draethell Tŷ Mawr;
Y dwylo fel gwylliaid i'r badau a ffoisant
Gan rwyfo'n gynhyrfus i ganol yr aig,
Gan ofn a diethrwch y fangre, gallasant
Gael bedd yn yr eigion yn ymyl y graig.

Y llestr ysblenydd, fel palas ardderchog,
Orweddai yng nghyraedd yr eigion a'r gwynt,
Tra'r tonnau yn rhuthro mewn ysbryd cynddeiriog,
Wrth ymlid eu gilydd i'r lan ar eu hynt;
Dan bwys y rhyferthwy y llestr ysigodd,
Gogwyddodd fel meddwyn i ddyfnder y môr;
Gan rym yr elfennau ei mynwes agorodd,
Gan ddangos i gannoedd o gynnwys ei stor.

Y nwyddau a gariwyd ym mreichiau y tonnau,
Nes britho y glannau o amgylch y fan,
A throi yn ystordai wna celloedd y creigiau,
I'r lladron anniwall a wylient y lan;
Roedd rhaib yn gorfodi'r ymwelwyr i ruthro
Fel bleiddiaid gwallgofus heb ofni'r un dyn,
Ac erys yr hanes yn hir-hir heb gilio,
Gan dduo cymeriad preswylwyr gwlad Llŷn.

Y gwinod er syndod oedd gwrthrych edmygedd,
Y lliaws a ddenai i olwg y traeth,
Ac o dan ddylanwad eu chwantau diddiwedd,
Roedd llawer yn llyncu nes myned yn waeth;

A'i tybed mai'r diafol gadd genad i anfon
Y Stuart i'w ddryllio er profi y wlad?
I ddangos egwyddor a phroffes anghyson
Fel gwe y pryf copyn heb rym na pharad.

Mae'r tonnau digofus a'u nerthoedd herfeiddiol
Fel wedi ymrwymo i'w ddryllio bob darn,
Mae'r eiddo fwriadwyd i ddyn yn ddefnyddiol
Dan draed hyd y creigiau yn myned yn sarn;
Amrywiaeth diderfyn o nwyddau ardderchog,
Gwerth miloedd ar filoedd o bunnau dirif,
Aberthwyd ar allor yr eigion trochionog,
Er hyn, ni ddigonwyd hen elfen y lli.

Fe erys yr hanes fel cwmwl i hofran
Yn awyr atgofion trigolion Penllŷn,
I lawer roedd pleser yn llanw y cyfan
A mantais dwyllodrus yn cyddrigo'n gytun;
Ond, yno gonestrwydd a gollodd ei goron,
A sobrwydd anghofiwyd yn llwyr gan y llu,
A pharch roed i huno ym medd abergofiant,
Ac ar ei fedd wyla rhinweddau mewn du.

John H. Thomas, Pwllheli, *Hen Gerddi Llŷn*

Y Stuart

Adeiladwyd:	Yn Dundee, Yr Alban, 1877
Porthladd Cofrestru:	Lerpwl
Rhif Swyddogol:	76549
Tunelliad:	912
Hyd:	203 troedfedd
Lled:	34 troedfedd
Math o long:	Barc Haearn
Enw'r Capten:	Robert Hichinson, a criw o 18

Roedd y Stuart yn teithio o Lerpwl, ar ei thaith i Seland Newydd, pan suddodd.

Ar Orffennaf 16, 1964, plymiodd nofwyr tanfôr i leoliad lle y suddodd y llong. Daethont o hyd iddi o dan chwech i ddeg troedfedd o ddŵr, ac fe ellir ei gweld pan mae'r môr yn isel, adeg llanw y gwanwyn.

Gweddillion y Stuart

Y RHIW

Yr Hen Gapel

Yn Llŷn fe ŵyr pawb am y Capel Newydd (Nanhoron) ond tybed faint a ŵyr am yr Hen Gapel? Pe buasech yn gofyn y ffordd i'r Capel Newydd caech eich cyfarwyddo i gymryd y ffordd a red o Fynytho i Nanhoron, ond os yr Hen Gapel a geisiech, ysgwyd pen fuasai yr ateb.

Hyd nes dechrau chwedegau y ganrif diwethaf yr oedd yr Hen Gapel wedi mynd bron yn angof. Yn naturiol, mae hanes diddorol iawn i'r ddau adeilad yma, y naill yng nghanol caeau Nanhoron a'r llall yng nghanol coedwig Plas yn Rhiw.

Rhamantus iawn ydyw hanes dechrau achos y Capel Newydd . . .

Un haf yn y chwedegau yr oedd Miss Lorna Keating, sy'n byw ym Mhlas y Rhiw, eisiau ychydig o ddail pwdr i'w gardd pan gofiodd am hen adeilad (lle cadwyd y drol gynt) ar gwr y goedwig oedd yn llawn o'r union beth a geisiai.

Wrth lenwi ei berfa aeth amryw o drigolion y mynydd (Rhiw) heibio gan ei chyfarch a gofyn beth oedd yn ei wneud yn yr Hen Gapel. Ni chymerodd fawr o sylw o'r cyntaf ond pan ddaeth yr ail a'r trydydd gan sôn am yr un peth – yr Hen Gapel – fe hogwyd ei harchwaeth.

Ymholodd pam y galwent ef yn Hen Gapel oherwydd, iddi hi, beudy oedd. Ni wyddai'r ffordddolion pam, ond dyma'r enw traddodiadol arno. Nid ydyw perchnogion Plas yn Rhiw yn ferched sy'n gadael un garreg heb ei throi pan fo rhywun yn codi ysgyfarnog. Ar ôl aml gwestiwn daethant i'r penderfyniad mai dyma Hen Gapel y Plas.

Yn ôl hyn mae'r adeilad yma'n dyddio'n ôl cyn y Diwygiad Protestanaidd. Yn awr nid oes ond waliau moel iddo a'r llechi wedi diflannu oddiar y to. Eto dyma'r unig adeilad o'i fath sydd ar ôl yn Llŷn.

Mae'r Capel Newydd dan glo ers llawer blwyddyn, a'r Hen Gapel a'i ben iddo. Fe atgyweiriwyd y Capel Newydd ychydig yn ôl (pumdegau) ac oni fuasai'n bosibl gwneud yr un peth i'r Hen Gapel yna, buasai'r ddau yn dystiolaeth mud o'r sêl a fu dros Grist. Dau gyfnod gwahanol, dwy ffordd wahanol ond yr un addolwyr, pobl Llŷn.

Y Parch. Edgar J. Jones (*Yr Herald Cymraeg*, 1955/60?)

Ganwyd a magwyd y Parch. Edgar Jones, B.A. ym Mhant y Celyn i ddechrau ac yna yn fferm Aber Fawr, sydd wrth ymyl y ffordd o Laniestyn i'r Dinas yn Llŷn. Yn unig blentyn i Mr a Mrs John Jones, addysgwyd ef yn Ysgol Gynradd Llaniestyn ac Ysgol Botwnnog cyn mynd i Goleg Llanbed a Chaerdydd. Ar ôl cyfnod fel curad yng Nghaergybi, ymsefydlodd yn Rheithor ym Modedern, Môn. Symudodd yn ddiweddarach i Lanfachraeth pan dderbyniodd y swydd o athro yng Nghemaes. Bu yn un o olygyddion Y Rhwyd, sef un o bapurau bro Ynys Môn. Bu farw ar ddechrau'r flwyddyn 2009.

Adfeilion yr Hen Gapel

Mynydd y Rhiw yn newid ei liw

Ar Sul Calan Gaeaf yr oeddwn yn Llŷn,
A'r hin yr oeraf ryw
Yr eira orchuddiai'r bryniau bob un
A Mynydd hir y Rhiw;
Ond cyn y canol-ddydd y gwlaw ddaeth yn lli
Gan olchi'r frodir wyw,
A dyna beth dynodd fy sylw i –
Y Mynydd yn newid lliw.

Y ddistaw olygfa wnaeth destun i mi,
A llawer awgrym a ges,
Gweld Duw o fy nghwmpas yn gweithio wnes i,
Na welais mo'no 'rioed yn nes;
Oer eira'r chwe diwrnod ar fynydd a bro,
A'i oerni yn fferu'm gwaed,
Ond hinsawdd y Sabbath pan ddaeth yn ei thro
Yn clirio ffordd i'm traed.

J.T. Williams, Pistyll (Yr Ail Bistyll)

John Thomas Williams (1864-1921), Bodeilias, Pistyll (gynt o Cadlan Isaf, Pencaerau, Y Rhiw), sef tad yr enwog Barchedig Tom Nefyn Williams (1895-1958).

LLANFAELRHYS

Porth Ysgo

Porth Ysgo

Ar Ragfyr 17, 1819, chwythwyd y brig *Bristol* o Gasnewydd, ar y creigiau ym Mhorth Ysgo, plwyf Llanfaelrhys. Ceisiodd y capten angori y llong, ond fe'i rhwystrwyd ef gan y gwynt a'r glaw, ac fe aeth yn ddrylliau. Wrth i'r llong daro yn erbyn y creigiau, gollyngwyd cwch i lawr, ond pan oedd yn ymyl y lan, troi drosodd fu ei hanes, gyda'r canlyniad i bump o'r dwylaw foddi, gan gynnwys y capten a'i fab; ynghyd â Robert Humphreys, Caernarfon; Lewis Jones, Bermo; a William Benjamin, Caer. Llwyddodd Robert Owen, Caergybi i gyrraedd y lan a'i achub.

Dyma fel ac y bu i Evan Prichard, 'Ieuan Llŷn' (1770-1832), un a fu yn cadw ysgol rad ym mhlwyf Llanfaelrhys, ac oedd yn ŵyr i Siarl Marc (1720-1795), gofnodi yr achlysur yn ei gân.

Y Brig *Bristol*

Y Brig *Bristol* o Gaerleon,
A nofiai'n dirion fwyn y dwfr,
Captain Williams, ddyn medrusaidd,
Gwar a llariaidd, nid gŵr llwfr,
A phump o lanciau arferedig,
Iach a diddig uwch y don,
Oedd ar eu mordaith rhwng Pen Dewi
Ac Ynys Enlli y nos hon.

Ei llwyth oedd haiarn, crynion folltau,
Goreu darnau o Gaerdydd,
I'w dadlwytho yn nhre Lerpwl;
Oes i feddwl – sy – a fydd,
Mai dyna'r achos i gylchnodwydd,
Eu harweinydd, dydd y daith,
Deuddu i'r dwyreiniol ddrycin,
Yn lle at hin gorllewin llaith.

PENYCAERAU

Daw cleifion o bellter byd i weld bugail y ddafad wyllt

Yn Siop Penycaerau, ymhen draw Llŷn, gellwch brynu unrhyw beth o'r bron gan gynnwys hoelion clocsiau. Dyma siop gwlad fel y byddai siopau'r wlad dan yr hen drefn. Yno hyd heddiw, y mae ambell erfyn nad yw'r siopwr, Owen

Owen Griffith, Siop Penycaerau (1889-1974)

Griffith yn cofio bod hebddo. Mae ef yn 65 oed – ond y mae yno yn aros o hyd beth o stor ei dad a'i fam. Eithr nid i chwilio am yr un o'r pethau hyn y daeth gwraig yr holl ffordd o Buenos Aires i Benycaerau ychydig fisoedd yn ôl. Daeth yno am feddyginiaeth i'r 'ddafad wyllt'. Yn Saesneg *rodent ulcer*, math o ganser ar y croen.

Am bum diwrnod o'r wythnos yn unig y mae Owen Griffith yn siopwr. Bob bore Mercher, ers hen flynyddoedd, fe ddeil y bws 9.30 am Bwllheli, ac yno ato daw pobl o bob rhan o Gymru, o Loegr, o'r Iwerddon – ac ar adegau, o bellafoedd byd. Ychydig flynyddoedd yn ôl roedd perchen ystad defaid 2,800 erw o Freemantle, Awstralia, ym Mhwllheli yn derbyn triniaeth. Dro arall daeth gŵr mewn awyren o Singapore.

Yn sgil y gyfrinach ryfeddol a etifeddodd, daeth enw Owen Griffith yn hysbys ar hyd a lled y byd. Ers tri chan mlynedd bron bu'r gyfrinach o ddadwreiddio'r ddafad wyllt ym meddiant ei deulu.

Ei daid, a oedd yn fferyllydd trwyddedig a gafodd afael ar y feddyginiaeth hon gyntaf, ond ei ewythr, brawd ei dad, a ddaeth fwyaf i sylw'r cyhoedd fel 'dyn y ddafad wyllt' gyntaf.

Owen Griffith oedd enw hwnnw hefyd – Owen Griffith, Penygraig, Llangwnnadl, ac ato ef i helpu yn y siop yr aeth Owen Griffith, Penycaerau, i weithio gyntaf erioed yn ddeuddeg oed.

Ac yno y dysgodd y grefft o adnabod dafad wyllt. Adwaen un a chyffyrddiad ei law heb edrych arni. 'Rhaid i'r sawl sy'n trin y defaid gwylltion fod 'run fath a phob bugail,' meddai Owen Griffith. 'Mae'n rhaid iddo wrth ryw gyneddf i adnabod ei ddefaid.'

Ond ar wahan i adnabod y defaid daeth Owen Griffith i adnabod y cyffur sy'n eu gwella hefyd. Etifeddodd gyfrinach fawr y teulu: 'Mae'n beth digon cyfarwydd i bawb', meddai 'dim ond ichi wybod beth ydyw'.

Mynd i'r môr
Ar ôl tair blynedd ym Mhenygraig, blinodd Owen Griffith ar y siop ac yn bymtheg oed aeth i'r môr. Am ddeunaw mlynedd bu'n hwylio'r cefnforoedd a bu rownd y byd bedair gwaith, ond pan fu farw ei ewythr yn 1921 dychwelodd yntau i Lŷn i gadw siop ei rieni, John a Mary Griffith, ym Mhenycaerau. Bryd hynny y dechreuodd o ddifrif i drin y ddafad wyllt.

Erbyn hyn fe ddadwreiddiodd rai miloedd ohonynt. Nid oes ganddo amgyffred faint – ond ato i Bwllheli bob Mercher yn y gaeaf daw o 25 i 30 o bobl yn dioddef o'r anhwylder. Yn yr haf ni fydd yn trin defaid o dan y dillad oherwydd y gwres – ond yn ystod y misoedd hynny bydd rhyw ddwsin yn ei *surgery* bob wythnos. Ni fydd Owen Griffith byth yn cadw cyfrif o'i gleifion ac yn fynych iawn ni ŵyr eu henwau nac o ba le y dônt.

Unwaith yn unig y rhydd ei eli arbennig ar ddafad wyllt – a hynny 'dim ond brwsiad bach lleia welsoch chi erioed'. Yn wir mewn potel fach, fach a garia ym mhoced ei wasgod – potel llai o'r hanner na photel aspirin, a brynir mewn siop yn gyffredin – bydd digon o'r eli i roi triniaeth i'r deg ar hugain o bobl a ddaw ato ar brynhawn Mercher.

O fewn tair i chwech wythnos ar ôl y driniaeth, bydd y ddafad yn disgyn ymaith. Fe ddibyna yr amser ar faint y ddafad ac ar ba ran o'r corff y mae. 'I bawb a ddaeth mewn pryd ac a ddilynodd fy nghyfarwyddiadau' meddai Owen Griffith 'ni fethodd y driniaeth.'

(*Y Cymro*, 1954)

RHYDLIOS

Adgofion mebyd am ardal Rhydlios

Adgofion o ddyddiau fy mebyd
Wna'm calon i fyned yn syn,
Rhyw chwaon nefolaidd a deimlaf
Pan gofiaf hen fwthyn Penbryn;
Er teithio am hanner can mlynedd
Anialwch blinderus y byd,
Wrth gofio y bwthyn ym magwyd
Rwy'n teimlo yn ifanc o hyd.

Y chwareu ar fynydd yr Ystum,
Ar dawel ddechreunos o haf,
Ymryson mewn rhifo y llongau
Fordwyant y cefnfor yn braf;
Y stontio o gylch Carreg Samson,
A chredu'r hen chwedl bob gair –
Pe cawsem ni bywer i'w threiglo
Ceid crochan o dani'n llawn aur.

Y cyrchu i Borthor Nadolig,
A phawb gyda'i fandi a'i bren,
Dyrfaoedd – ugeiniau ohonom,
Mor llawen â hedydd y nen;
A'r cyrchu ar Noson Glan Gaeaf
Am goelcerth y Fachwen yn rhes,
Y canu, y chwareu, y caru,
Yng ngoleu y goelcerth a'i gwres.

Ac wedyn i'r Tocia yn dyrfa,
I gwrdd y cerbydau o'r ffair,
A phawb yn ymryson i siarad,
A neb bron i wrando un gair;
Rwy'n clywed y dwndwr a'r miri,
A swn yr hen coach yn neshau,
A'r gwaeddi, y canu a'r sgrechian
Ar dadwrdd fy nghlustiau'n parhau.

Rhyfeddod i mi y pryd hynny
Oedd medr y coachman a'i ddawn
Yn dreifio y pedwar Gwyddel-feirch,
A rheini o gastiau yn llawn;
Mor bell oedd y Dre' i fy syniad
A chymaint o beth ydoedd ffair,
Y goach ydoedd fwy na'r Titanic,
Heb arfer gormodiaith un gair!

Adgofion am straeon bwganod,
Hyd heddiw ddychrynant fy mron,
A'r hen William Crydd yn eu hadrodd
Nes collem ein hanadl o'r bron;
Hen Fwgan Pendre' – dyna ellyll
A'n gyrrai yn welw ein stat,
Un arall yng ngwaelod yr Ystum,
Ac olwyn o dân yn y giat.

J.T. Williams, Pistyll
(o'r *Ail Bistyll* gan J.T. Williams 1864-1921)

Un o gerbydau Tocia, oddi allan i Swyddfa Bost, Botwnnog

(Llun: Cymro, 1950au)

RHOSHIRWAUN

Cerbyd y Tocia

Mi glywais y tadau'n dywedyd
Am gyflwr truenus gwlad Llŷn,
Prin 'rydoedd un drol at wasanaeth
Na cherbyd i gario un dyn.
Os angen a fyddai ar rywun
I fyned i farchnad y dref –
Rhoi'r ffon drwy y pac ar ei ysgwydd
A cherdded y daith a wnai ef.

Y ffyrdd oedd o gyflwr difrifol –
Yn bydew, a hynod o gul,
Ni fedrai fawr ddim fyned trwyddynt,
Ond pobol, ac ambell i ful;
Roedd mulod pryd hynny'n lluosog
'Nenwedig yn ardal y Rhos,
A rheini i'w gweled yn flinedig
Dan feichiau o fore hyd nos.

Yr ydoedd yn hynod anhwylus
I bawb wneuthur masnach yn Llŷn,
Oherwydd y diffyg trafnidiaeth –
A cholled oedd hyn i bob dyn;
Dim yma i gludo llythyrau
Ond dynion a bag ar eu cefn,
A cherdded milltiroedd i'w danfon,
Yn ôl roedd rhaid myned drachefn.

Hen ŵr oedd yn byw yn y Tocia
A brynodd dau asyn ryw bryd,
A throl fechan hwylus bwrcasodd
I symud y nwyddau draws byd –
'Rôl hyn cafodd geffyl a cherbyd
Yn awr – dyma gyfle i ddyn,
Trafnidiaeth yn dechrau ymagor
Mae'r wawr wedi torri yn Llŷn.

'Rôl hyn cafodd bâr o geffylau,
Y rhai oedd yn hwylus eu gwaith,
A cherbyd ar bedair o olwynion –
I gludo'r trigolion i'w taith.
Sŵn traed o'r pellderoedd i'w glywed
Na chlywyd ei debyg yn bod –
Pob tafod oedd wrthi yn sisial
Fod cerbyd y Tocia yn dod.

Mynd rhagddi a wnai y drafnidiaeth
Cynyddu'r cerbydau wnaent hwy,
Po fwyaf o hyd ddeuai allan
Fe waeddai y wlad am gael mwy.
Caed cerbyd mwy wedyn cauedig –
A hwnnw'n disgleirio gan staen,
Trwy Lŷn bob diwrnod yr elai
A phedwar march heinyf o'i flaen.

Er cymaint y gyrru oedd yma,
Caed cwynion 'rôl cwynion o hyd,
Fod march yn rhy araf i deithio
Yn wyneb cyflymdra y byd;
Daeth bechgyn y Tocia fel dewrion,
I'r adwy i leddfu pob cwyn,
A modur mawr helaeth bwrcaswyd
I gludo'r trafaelwyr mor fwyn.

Mae'r Tocia o hyd wrth y gorchwyl
Naill deulu yn dilyn y llall,
Yn ddiwyd a hynod ofalus,
Ac ynddynt ni welwyd un pall.
Mae ganddynt hwy naw o foduron
A rheini'n mynd allan bob un,
Yn debyg i hyn mae'r drafnidiaeth
Sydd wedi cynhyddu yn Llŷn.

Ceir modur i unrhyw gyfeiriad –
Rhydlios, Tudweiliog a'r Sarn,
Trwy Edern, a Nefyn, Bodfean,
A hefyd dros lethrau y Garn.
O Daron, dros fynydd Mynytho,
Llanengan, a thrwy Abersoch,
Cyrhaeddant i orsaf Pwllheli
Bob bore ar ganiad y gloch.

Nid ydyw yr hyn a ddywedwyd
Ond enghraifft bur fechan o un;
Mae llawer yn gyrru moduron
Mor brysur a hwythau trwy Lŷn.
Ceir cyfle i fyned am wibdaith
Bob diwrnod, 'nenwedig yr haf,
Pwy byth beidiai fyned am bleser,
A phopeth mor hwylus a braf.

David Moore, Rhoshirwaun
(Cerdd fuddugol Eisteddfod Rhoshirwaun, 1922)

Eisteddfod Hyd y Gannwyll
gan Anita Griffith

Tua 1862-68 y dechreuwyd cynnal Eisteddfod Rhosirwaun. Cynhaliwyd ar y dechrau mewn hen hoewal yn perthyn i fferm Ty'n Lôn, a hynny yng ngolau cannwyll frwyn.

Parhâi yr Eisteddfod tra parhâi y gannwyll, felly os byddai hi yn noson ystormus, byddai'r gwynt yn helpu'r fflam i fwyta gwêr y gannwyll, a byddai'r Eisteddfod drosodd yn gynnar. Ond os byddai y tywydd yn dawel, braf, parhai'r Eisteddfod yn hwy o lawer.

Fel hyn y canodd Mr E.R. Davies, pan oedd yn ysgolfeistr yn Rhosirwaun i'r Eisteddfod:

> A fathrwyd hen freuddwydion – rhai annwyl
> Fu'n rhynnu am hydion,
> Tra llifai gwêr'n ddiferion
> Tan hoewal oer Ty'n y Lôn?

Yn 1889 gwnaed yr Eisteddfod yn un gadeiriol, a symudwyd o hoewal Ty'n Lôn i Ysgol Llidiardau, Rhosirwaun. Enillwyd y gadair gyntaf am bryddest gyda 'Dechreunos' yn destun gan Ap Morys (Tŷ'r Ysgol), Llangwnadl – sef tad Mrs Dr Jones, Llangwnadl, sydd yn awdur nifer o lyfrau.

Nid oedd neb yn deilwng o gadair Eisteddfod 1890, ond yn 1891 enillwyd y gadair am awdl i 'Calfaria' gan fardd ieuanc o Rhosirwaun, sef John Hughes, 'Rhosfab' ac yntau ond deunaw oed ar y pryd. Y beirniad oedd 'Ioan Eifion', Talysarn.

Yr oedd i'r Eisteddfod ei Gorsedd y Beirdd, a Bugeilfardd (englynwr tan gamp) yn archdderwydd.

Yn 1910 cynhaliwyd yr Eisteddfod mewn pabell, a gwahoddwyd Leila Megane yno i ganu, un o'r gwahoddiadau cyntaf iddi ei dderbyn. Yn yr un Eisteddfod enillodd 'Tryfanwy' (1867-1924), y bardd dall o Borthmadog, ar fugeilgerdd.

Yn 1920 gwnaed £60 o elw, a symudwyd ymlaen i godi neuadd yn yr ardal. Yr oedd pwyllgor brwd iawn i'r Eisteddfod. Yn wir, yr oedd yn arferiad i'r pwyllgor hwnnw gyfarfod bob nos Sadwrn drwy'r gaeaf; yr oedd yn debycach i gymdeithas lenyddol nag i bwyllgor.

Neuadd Rhoshirwaun, deil oddeutu, 1,000 i 1,500

Byddai yna amryw o gystadlaethau diddorol yn yr Eisteddfod, er enghraifft, rhoid Tlws Arian yn flynyddol am gyfansoddi pedair llinell o farddoniaeth ar destunau fel 'Brechdan'. Dyma rai o gystadlaethau adran Celfyddyd a Chrefft yn Eisteddfod 1939: Set o briciau rhaffau, yn cynnwys cribyn o bren caled, gwobr pum swllt; fforch eithin, gwobr swllt; chwech o fara surgeirch, gwobr dau swllt . . . Ac yn yr adran barddoniaeth ceid cystadleuaeth baled i'r Tortsiwr a torch yn wobr. (Pwy fuasai'n meddwl y byddai'r Eisteddfod yn cefnogi dal cwningod yn y nos?)

(Yr Herald Cymraeg, 1961)

Anita Griffith – Fe'i ganed yn Llithfaen, a'i haddysgu yn Ysgol Gynradd Pwllheli ac Ysgol Ramadeg Pwllheli. Yn 16 oed ymunodd â'i thad a'i dau frawd i weithio yn Chwarel Cae'r Nant, Nant Gwrtheyrn. Treuliodd ddwy flynedd yn gweithio ym mhencadlys y cwmni yng Nghaerlŷr. Dychwelodd i Lŷn i briodi ac ymgartrefodd yn ardal Rhosirwaun. Ei phrif ddiddordeb oedd ysgrifennu ar gyfer plant, cyfrannai'n gyson i gylchgronau'r Urdd, lluniodd hefyd ambell stori ar gyfer y radio a'r teledu. Ymddiddorai hefyd mewn hen chwedlau gwerin a hanes lleol. Gwnaeth enw da iddi ei hun fel bardd gwlad ac aelod o dîm Talwrn y Tir Mawr. Bu farw dydd Calan 2000.

Eglwys Aberdaron uwch y bae

Y tu fewn i'r Gegin Fawr, Aberdaron

110

ABERDARON

Y mae rhin y Canol Oesoedd yn aros yng nghilfachau Aberdaron

Wedi hir ddisgwyl am ddiwrnod braf daeth y cyfle o'r diwedd i ymweld ag Aberdaron. Buaswn yno unwaith o'r blaen, flynyddoedd yn ôl, yn nhymor yr Hydref, ond nid oeddwn yn fodlon nes ei weld eilwaith dan wenau haul haf. Y tro o'r blaen, lliwiau'r Hydref, a addurnai'r wlad o'i gwmpas – rhuddgochni dail y coed a'r perthi, melyn staciau ŷd, porffor grug, aur eithin, a rhwd rhedyn, yn dwyn i gof yr hen wirionedd . . .

> Onid rhaid Natur ydyw
> Marw'n hardd er mor hen yw?

Bryd hynny, yr oedd y môr llwyd wedi ei gynddeiriogi'n donnau rhyfygus gan storm o wynt, ac yr oedd craig Enlli yn cuchio'n haerllug wrth herio'i gynddaredd a'i chadernid disymud.

Y tro diwethaf, gwyrddlesni oedd ymhob man, caeau yn dryfrith o flodau'r haf, adar bach yn telori ar y cangau, sawr gwair newydd ei dorri yn llanw'r ffroenau, chwa ysgafn o wynt yn tonni'r gwair a oedd eto heb ei dorri, a môr glas, na welswn ei lasach ers tro, yn berffaith ddiniwed. Dwy olygfa ardderchog, ond dwy bur wahanol.

Y mae i Aberdaron ryw swyn cynhenid na pherthyn i un arall o bentrefi Llŷn. Y mae'n hen, ac yn newydd. Y mae'n hen ffasiwn, ac yn fodern. Y mae yma le i fythynnod bychain gwyngalchog sy'n denu sylw, ac y mae yma le hefyd i'r gwestai mawreddog sy'n hawlio sylw.

Yma y dôi'r pererinion crefyddol, yn y gorffennol pell, ar eu taith i Enlli, ac yma o hyd y daw'r pererinion modern, o bob lliw a llun, yn ddyddiol. Ni chredaf am funud fod Aberdaron yn dyheu am y byd, ond heb amheuaeth y mae'r byd yn cyrchu at Aberdaron. Dwy frenhines y pentref yw'r Gegin Fawr, gyda'i llofft gywrain, cyrchfan pererinion doe a heddiw, a'r Eglwys 'ddwbl' gyda'i mynwent llethrog yn ffinio a'r traeth. Rhaid bod gan y ddwy fil a mwy o gyfrinachau'r gorffennol dan sêl o fewn eu muriau. I'r sawl a fyn chwilio amdano, y mae rhin y Canol Oesoedd yn aros yng nghilfachau Aberdaron. I'r sawl a all ymgolli mewn dychymyg, y mae pererinion a saint y gorffennol yno o hyd i gymdeithasu â hwy. Y mae yno ryw hedd a thangnefedd dwys na cheir mohono yn aml heddiw. Dod yno i hamddena, a synfyfyrio, a segura a wna ymwelwyr hyd yn oed, ac nid i ruthro drwodd. Nid oes modd mynd drwodd i unman. Y mae yn ben y daith. A gyda'r nos, wedi encilio o'r ymwelwyr, nid oes dim ond murmur ton, a chri gwylan i dorri ar fyfyrdod . . .

Fel y sudda'r haul yn is, is ar y gorwel, ac y disgynnai llenni'r nos yn araf, araf, ac y diflannai'r trumiau, y naill ar ôl y llall, mewn niwlen ysgafn, daeth profiad y bardd yn eiddo i minnau ar Benryn Llŷn . . .

    Y nos dawel yn distewi – caddug
        Yn cuddio Eryri;
        Yr haul yng ngwely'r heli
        A'r lloer yn ariannu'r lli.

Joan Davies, Chwilog
(*Yr Herald Cymraeg*, 1958-60)

Dic Aberdaron

Ar fy nyfodiad i'r tŷ o'r ysgol y prydnawn, pwy gefais yn eistedd ar gader ond yr ieithyddwr enwog Dic Aberdaron, yn prysur fwyta wicsen, yr hon gyda thipyn o drafferth, a ystwffiai i'w geg oedd ymron yn guddiedig trwy wrych mawr o flew – barf wedi gordyfu yn y dull Iddewig.

Dechreuais siarad am Gornelius Agrippa, brenin y swynwyr. Yr oedd ei weithiau gan Dic gydag ef, yn yr iaith Ladin, gyda'r dirgeledigaethau Cabalistaidd fel atodiad. Ymddanghosai ei fod yn credu yn yr athroniaeth gudd, a fod ganddo feddwl uchel o Agrippa. Dywedodd fod John Calfin wedi llwyddo i losgi Servetus, ond fod ei holl ystrywiau yn erbyn Cornelius Agrippa wedi methu; yr oedd y swynwr hynod, fel sylwai'n ysmala, yn anghlwyfiadwy oherwydd ei wybodaeth o'r Gelfyddyd Ddu. Ymddanghosai ei fod yn elyn mawr i John Calfin, a dywedai mai ystyr ei enw wedi ei gyfieithu i'r Galdaeg fuasai'r un peth a 'Sion y Cŵn' yn Gymraeg. Oddiwrth hyn tynnodd

Cae'r Eos, hen gartref Dic Aberdaron

gyffelybiaeth isel a di-chwaeth, mai ci yn cyfarth ac yn brathu oedd Calfin, a'i fod unwaith wedi rhostio'r ysgyfarnog yn fyw, gan gyfeirio at Servetus. Rhoddodd hyn ddifyrrwch mawr iddo, a chwarddodd yn y dull mwyaf calonnog; ac yng nghanol pob stori deuai ei feddyliau'n ôl yn aml at Sion y Cŵn, yr hwn air a ddywedai'n wawdlyd, ac yna chwarddai'n uchel.

Dywedai ei fod wedi rhoddi ei Eiriadur Cymraeg i P.A. Môn, i gael tanysgrifwyr ato, yr oedd ef yn mynd i'r Gaerwen i weld Dewi Wyn. Dywedais fod Dewi Wyn a'i feddwl mewn cyflwr drwg, oherwydd rhyw iselder meddwl, fel y clywais, yn codi oddiar amheuon crefyddol. Atebodd yntau ar unwaith ei fod, efallai, wedi ei frathu gan un o gŵn Sion y Cŵn.

Ar y cyfan, yr wyf yn cyfrif Dic yn un o'r rhai gwirionaf y siaradais a hwynt erioed, ar bob peth ond iaith, yn y gangen hon y mae wedi cyrraedd gwybodaeth aruthrol, bron yn gyfangwbl trwy ei ddyfalbarhad a'i allu naturiol ei hun. Ond mewn gwybodaeth gyffredinol, buasai'n fwy priodol i enwi gyda ffyliaid naturiol na chyda dynion o synwyr cyffredin. Y mae'n anghoeth, yn wirion, yn ddi-chwaeth, yn anwybodus, ac yn anhydrin.

(o ddyddlyfr Eben Fardd, Gorffennaf 26, 1838)

113

J. D. Williams

Siop Pwlldefaid, Stryd Fawr, Pwllheli

UWCHMYNYDD

James Pwlldefaid

Mae'r rhan fwyaf ohonom ryw dro neu'i gilydd wedi anfon am nwyddau drwy'r post, a llawer yn yr ardaloedd hyn wedi cael pleser wrth droi tudalennau Catalog J.D. – sef J.D. Williams a'i Gwmni, Manceinion. Ond os gwn i sawl un a ŵyr mai'r gŵr hwnnw oedd un o arloeswyr masnachu trwy'r post, ac mai o Lŷn yr hanodd, a bod cyswllt teuluol o hyd rhwng Siop Pwlldefaid (Stryd Fawr), Pwllheli a Chwmni J.D. Williams?

Ym Mhwlldefaid (fferm 135 acer, yn Uwchmynydd) y trigai hynafiaid J.D. Williams. Yn 1766 priododd Owen Roberts, Pwlldefaid, gyda Janet Williams, o Rhiw. Un o'u hynafiaid oedd James Owen (1780-1853) o Benycaerau, Rhiw, a sefydlodd yr Eglwys Methodistiaid Calfinaidd cyntaf yn yr Amerig. Un arall o'r teulu oedd William Owen (1768-1801), Pwlldefaid, a briododd Jane Parry Bodrydd, (1768-1830); a priododd eu merch hwythau, sef Mary (1797-1829) gyda David Williams (1796-1865), Rhydolion, Llangian. Symudodd David Williams a'i wraig i fyw i'r cartref teuluol ym Mhwlldefaid ar ôl priodi ym mis Tachwedd, 1819. David Williams oedd taid yr enwog J.D. Williams (John David Wms, 1856-1925).

Yn nechrau ei yrfa ym Manceinion yr oedd ganddo ystordy bychan a llynges o gerbydau cywrain a'u hochrau yn agor – siopau bychain ar olwynion. Ond gwelodd bod ffordd arall o fasnachu yn bosibl. Yr oedd Deddf Addysg, 1870 wedi gwneud y werin yn llythrennog, ac ar Awst 1af, 1883 yr oedd y gwasanaeth parseli trwy'r post i ddechrau. Y bore hwnnw, yr oedd J.D. Williams wedi codi'n fore ac wedi postio llwyth o barseli – nwyddau i'w gwsmeriaid – ac efallai yn wir mai efe oedd y cyntaf i anfon parsel trwy'r post ym Mhrydain. Buan y tyfodd y busnes, er gwaethaf ambell gam yn ôl yn y blynyddoedd cynnar.

Arferai J.D. Williams ddod i Ben Llŷn ar ei wyliau. Un tro, yn Hydref 1889 pan ym Mhwllheli, aeth i siop ei ewythr. Yno, sylwodd ar chwe rhol o frethyn a deallodd eu bod yn gwerthu braidd yn araf. Aeth a hwy gydag ef i Fanceinion a gwerthodd hwy i gyd trwy'r post. Dro arall, pan ar ei wyliau yn Llŷn, aeth i Ynys Enlli. Sylwodd ar y môr yn golchi dros greigiau ysgythrog yr Ynys, ac ar ruthr y gwynt a'r glaw. Wedi dychwelyd i Fanceinion penderfynodd wneud arbrofion ar ddarn o frethyn 'serge'. Anfonodd ddarn o'r brethyn i Mrs Davies, gwraig ceidwad y goleudy, a gofyn iddi ei roi ar y creigiau am wythnos, yna ei sychu a'i anfon yn ôl. Gwnaeth y wraig hyn a gwelwyd nad oedd y brethyn ddim gwaeth. Rhoddwyd ef ar y farchnad fel 'The Eureka Serge' mewn glas tywyll a du, gan roi hanes yr arbrawf ar Enlli yn y catalogau, a gwerthwyd miloedd o ddarnau ohono. Enghraifft o'r siopwr ysbrydoledig.

Daeth pedwar mab i J.D. Williams i'r cwmni, ac yn eu tro eu pedwar mab hwythau, a bydd aelod o'r bedwaredd genhedlaeth yn dechrau dysgu'r gwaith yn y dyfodol agos. Rhyfedd yw meddwl bod cysylltiad mor agos rhwng tawelwch caeau Pwlldefaid, Uwchmynydd, a phrysurdeb Dale Street, Manceinion.

Linda Rees, Bwlchtocyn, Dosbarth 6

(*Y Gloch*, Botwnnog, 1964)

Bu teulu J.D. Williams yn cadw dwy siop ddillad Pwlldefaid, dros y ffordd i'w gilydd, ar Stryd Fawr, Pwllheli, o'r flwyddyn 1841 hyd at ddiwedd yr ugeinfed ganrif. Un o'r nodweddion amlycaf a berthynai i'r dref pryd hynny, oedd cerflun o ddafad uwchben y drws, yn siop y dynion.

Anfonwyd pedwar o feibion Pwlldefaid yn brentisiaid i Siop y Gaerwen, Pwllheli, sef siop Owen, brawd David Owen ('Dewi Wyn o Eifion', 1784-1841), yr amaethwr a bardd o'r Gaerwen, plwyf Llanystumdwy. Symudodd James a William oddiyno i Lundain, a chawsant hyfforddiant o'r radd flaenaf yn y gwaith cyn dychwelyd i Bwllheli yn 1841, i agor busnes eu hunain.

Ar y cychwyn gwerthwyd bwydydd yn ogystal a dillad yn y siop. Yn ddiweddarach, ar ôl sefydlu'r busnes, dychwelodd William i Lundain, ac ymhen amser daeth yn un o brif ddynion Ffyrm Edwin Jones, yn Southampton. Mab y William hwnnw oedd J.D. Williams, Manceinion.

Parhaodd James gyda'r busnes llewyrchus ym Mhwllheli, ef a fu'n gyfrifol am osod cerflun y ddafad uwchben ei siop, er mwyn i bobl o bendraw Llŷn, a gerddai neu a farchogai i'r dref ei gweld ar unwaith.

Daeth y cerflun cyntaf, un o goed, o Lerpwl, wedi ei lunio gan ffyrm a gyflenwai gerfluniau ar gyfer llongau a adeiladwyd ym Mhwllheli a

Phorthmadog. Mewn amser pydrodd yr un hwnnw, a daeth yr ail ddafad o'r Swisdir, eto yn un coed. Pydrodd hwnnw hefyd yn ei dro, a disgynodd o fewn trwch i gorun un o'r cwsmeriaid, a gerddai allan o'r siop ar y pryd. Yna daeth y cerflun olaf a fu yno hyd nes i'r siop gau, un haearn wedi ei lunio gan D.J. Williams, yng Ngwaith Haearn Brunswick, Caernarfon. Fe'i gwnaed o 72 o ddarnau o haearn.

Parhaodd James Williams yn y busnes, hyd nes y bu ef farw yn 50 oed, yn 1873, a daeth brawd arall iddo i Bwlldefaid, Stryd Fawr, yn 1861, sef Owen Williams. Bu yntau farw yn Awst 1907, yn 70 oed. Wedi hynny daeth y busnes i'w nai, David Williams, a fu farw yn 1917. Ymgymerodd ei ddau frawd, Thomas a William Owen Williams a'r busnes, ar ôl iddynt ddychwelyd o'r fyddin, adeg y Rhyfel Gyntaf.

(*Y Cymro*, 1955)

Taith i Uwchmynydd

Cychwynnais gyda'r Crosville
Rhwng hanner dydd ac un,
Trwy'r Sarn a thrwy Rhosirwaun,
I gyrion pella Llŷn;
Roedd gweled pentra' Daron
Yn newydd beth i mi,
A gweled yr hen Eglwys
Hynafol iawn ei bri.

Edrychais ar y fynwent
Sydd bron ar fin y dŵr,
Mae ynddi lu yn gorwedd
Yn dawel a di-stŵr;
Gadewais Aberdaron
Oedd yn y pant islaw,
Gan alw yn ffermdy Deunant
Ces groeso di ben draw.

Cychwynnais yn hamddenol
A ffon o dan fy llaw,
At ardal Uwchymynydd
Rhyw filltir deirgwaith draw;
Gan adael Capel Deunant
Lle cerddodd llawer sant,
A hithau'r ysgol ddyddiol,
I ddysgu moes i'r plant.

Gwnes ddefnydd o fy neudroed,
A chroesi Afon Saint
Mwynhawn y fath olygfa
A theimlwn hynny yn fraint;
Ar lethau Mynydd Anelog
Sef cyrion pella'r plwy',
Mae llu o fan dyddynnod
Rhwy dyddyn, buwch a dwy.

Eis heibio i dai Bryn Chwilog
Ar greigiau cadarn iach,
Pwlldefaid 'nghyd â Dyras
Ac Ystolhelyg Bach;
Y syndod mwyaf gefais –
Rwy'n awr yn dipyn oed,
Oedd gweled y fath gyfandir
Mor hynod o ddi-goed.

'Ianto Soch'

YNYS ENLLI

Hynafiaethau

Y mae trigolion yr Ynys hon yn gorfod anfon eu hyd i felin yng nghymdogaeth Aberdaron i'w falu, ar bob tymor a thywydd yn y flwyddyn. O ganlyniad, y maent ar dywydd ystormus mewn perygl o fod heb ddim bara o fewn yr Ynys. Digwyddodd yn y tymor diweddaf fod swm o ŷd wedi ei ddwyn drosodd i felin Aberdaron, ond oherwydd fod y tywydd mor dymhestlog, rhwystrwyd y dynion a'i dygasent i ddychwelyd am gryn amser. Y canlyniad fu, i drigolion Enlli gael eu cadw heb damaid o fara o fewn yr Ynys am bythefnos gyfan. Tybiem mai un o'r pethau cyntaf a dylai gael sylw trigolion yr Ynys yw cael melin fechan yn ddioed, yn lle bwrw eu bara ar wyneb y dyfroedd ac yn esgyll y gwynt, heb wybod pa un a'i cant mewn llawer o ddyddiau a'i peidio.

(Y Drysorfa, Mawrth 1853)

Cyfrifiad 1880

Nifer yr holl dai ar yr Ynys, 16 – 10 ohonynt yn ffermdai.
Mesur yr holl dir y gellid ei ffermio, 250 o erwau, y gweddill yn fynydd.
Nifer y da corniog, 58, gan gynnwys pob rhyw a maint.
Nifer y ceffylau, 21.
Roedd yno ugeiniau o ddefaid, degau o foch, dwsinau o ieir, ac ychydig o hwyaid.
Roedd yno 16 o gathod, 12 o gŵn.
Rhif y boblogaeth oedd 72, 36 o wrywod, 36 o fenywod.
Roedd yno y pryd hwnnw, 12 o'r meibion yn ddi-briod, a 13 o'r merched yn ddi-briod.
Nifer y plant oedd 12, yn perthyn i dri theulu yn unig.

Beth tybed yw sail y traddodiad mai perthyn yn wreiddiol i Sir Benfro yr oedd Enlli?

I gynnig atebiad, fe fu Sir Benfro ac Enlli ar un adeg yn un mewn ystyr ddaearyddol; bu gwely y môr sydd rhyngddynt heddiw, yn un gwastadedd o sychdir, ac felly yn eu cysylltu yn un. Ategir hynny gan y traddodiad am Cantre'r Gwaelod, a safai unwaith ar wely Bae Ceredigion, ond a foddwyd gan y gorlifiad, ac oherwydd hynny torrwyd y cysylltiad daearyddol oedd rhwng y Gogledd a'r De; ac fe sicrheir hyd heddiw mai muriau un o ddinasoedd y Cantref yw y clawdd a welir ar drai y bae, yr hwn a elwir y Sarn, sydd o bryd i bryd wedi bod yn gyfrifol am gymaint o ddifrod ar longau a bywydau. Honnir felly fod cysylltiad creadigol a thirol, os nad sirol, wedi bodoli rhwng Penfro a'r Ynys, ond ei fod wedi ei dorri ymaith gan y gorlifiad mewn rhyw gyfnod pell cyn-hanesyddol, pan y gadawyd Enlli yn ynysig fechan yn y môr, yn cael ei hamgylchynu gan y welgi cynhyrfus. Ond a'i gwir hynny, tybed? Onid mwy naturiol a synhwyrol a fyddai cysylltu Enlli mewn ystyr greadigol a gwreiddiol a Sir Gaernarfon, yn hytrach nag a Sir Benfro? Onid yw ei safle a'i lleoliad yn ffafrio hynny? Onid yw arferion, acenion, a phriod-ddull ieithyddol yr Ynyswyr yn ffafrio cysylltiad â'r Gogledd yn hytrach nag ar De wedi bod? Ac onid yw daeareg y glannau hynny yn profi hen berthynas rhyngddynt, ac yn dangos y bu yr Ynys o fewn cwrs amser ddaearegol yn rhan o Sir Gaernarfon? Ni wadir ychwaith, y posibilrwydd i wely y bae heddiw rhywbryd fod yn gyfandir sych, pryd y gellid teithio yn droed-sych o Aberdaron i Dyddewi, nac ychwaith wadu y traddodiad am wastadedd y Cantre, a orlifwyd. Ond yr hyn a honnir yw y bu cysylltiad agosach a mwy naturiol rhwng Pen Llŷn ac Ynys Enlli. Ac os felly, darn o Lŷn oedd yr Ynys, cyn i'r swnt wahanu rhyngddynt. Ac er fod gagendor rhyngddynt heddiw, eto ceir ar bob ochr olion a llinellau o'r hen berthynas yn y creigiau. Wrth edrych ar fap daearegol yr arolwg, ac hefyd edrych a'n llygaid ar y creigiau, canfyddir fod craig Enlli a'r graig gyferbyniol yn Aberdaron, oddigerth ychydig, o'r un ffurfiad daearegol, ac o'r un natur fwnyddol; a cheir yr un naturiaethau ar hyd y glannau hyd yn Nefyn. Ac ymhellach, ceir fod natur craig Ynys Ramsey, Tyddewi, yn gwadu pob perthynas wreiddiol o'r fath rhyngddi ac Enlli.

Wel, ynte, beth allai fod ystyr y traddodiad? Os na bu cysylltiad daearyddol rhwng y ddau le, a'i tybed y bu cysylltiad o gwbl? Yr ydym yn credu fod ystyr i'r hen draddodiad, ac y bu yna gysylltiad rhyngddynt, ac mai un eglwysig a chrefyddol ydoedd. Bu cysylltiad esgobaethol am gryn amser rhwng Tyddewi a'r Ynys, ac fe allai mai dyna'r esboniad ar yr hen draddodiad.

(Y Traethodydd, 1885)

Ynys Enlli firain, ynys glan y glain
Gwrthrych dadwyrain, ys cain ynddi.
Crist croes darogan a'm gwŷr a'm gwarchan
Rhag uffern, a phan wahoni westy
Creadwr a'm crewys a'm cynnwys
Ym mhlith plwyf gwisir gwerin Enlli.

(o farwnad Gruffudd ap Cynan, gan Meilyr, 1137)

Ynys hynod, lawn o swynion, – ydyw
Enlli wiwdeg, ffrwythlon;
Yn ddiogel dan nawdd eigion
Huna saint ym mynwes hon.

(R. Môn Williams, Caergybi, 1891)

Pe cawn i egwyl ryw brynhawn,
Mi awn ar draws y genlli,
A throi fy nghefn ar wegi'r byd
A'm bryd ar Ynys Enlli.

Mae yno ugain mil o saint
Ym mraint y môr a'i genlli,
Ac nid oes dim a gyffry hedd
Y bedd yn Ynys Enlli.

(T. Gwynn Jones, 1871-1949, Aberystwyth)

Suddiad Cwch Enlli

(sef y Supply)

*Galarnad ar achlysur marwolaeth chwech o ddynion a foddodd
ger Ynys Enlli, Tachwedd 31, 1822*

Clywais waedd dros ddyfnfor heli
Trist-lawn gri o Enlli oedd,
Gwaedd uwch rhuad gwynt ysgeler
A mawr flinder môr a'i floedd;
Gwaedd y gweddwon a'r amddifad,
Torf o weiniaid – darfu oes
Gwŷr a thadau, yn y tonnau –
Llynnau creigiau llanw croes.

Y dydd olaf o fis Tachwedd,
Oer ei wedd gan arw wynt,
Un mil wyth gant dwy a'r hugain
Y bu'r sain wrthnebus hynt;
Aeth cwch esgud dan ei hwyliau
Cedyrn daclau gorau gwaith,
O Borth Meudwy tuag Enlli,
Hyd y lli rhuadwy llaith.

Yr oedd ugain o bersonau,
A meddianau gorau gwerth,
Yn y cwch pan droisant allan
Gyda'r lan lle syfrdan serth,
Penycil iddynt fu gysgodol,
Orllewinol noddol nawdd,
Deheuon safn y swnt cyrhaeddent,
Heibio hwylient – ni bu hawdd.

Wele golau haul a giliai,
Lleuad godai llwyd ei gwawr
Gwynt o duedd y gorllewin
Goflin ddrycin, erwin awr;
Y môr megis pair berwedig,
Tra chwyddiedig trechai ddawn
Y môr-ddynion, pwy amgyffred
Hyd a lled eu lludded llawn?

Môr trochionllyd a therfysglyd,
Cyhywfanllyd acw fu;
Tonnau cedyrn dyrchafedig,
Ffyrnig ddymchweledig lu.
Uwch ei ruad na tharanau,
Neu sŵn gynnau maes y gwaed –
Y fath dymestl byth at Enlli,
Ynys heini na neshaed.

Dacw'r cwch bron iawn yn noddfa,
Diogelfa, cuddfa'r cafn;
Dacw angau yn agoryd
Ei gas, enbyd, wancus safn;
Er ar dir a môr sy gapten
Hen, i ben y myn ei bwnc;
Iddo ef mae pawb yn gyfradd,
Baidd eu lladd – y bedd a'u llwnc.

Hyd rhaff angor prin oedd rhyngddo
Fo a glanio yn ei le,
Pan mewn cymysg derfysg dirfawr
Trawodd lawr ar graig fawr gre';
Ei ochr ddrylliwyd gan y ddyrnod,
Erchyll drallod, archoll drist.
Dyled pawb yw gwylio beunydd,
O! mor ddedwydd crefydd Crist.

Paham awel y cynhyrfi?
Ti os plygi y Supply
A dinistrio llong mor fechan,
Llid a thuchan gogan gei.
Tafl y creigiau i'r rhyferthwy
Gwasgar hwy, ruadwy wynt,
Bydd i'r llongau'n gynorthwyol,
Cai dy ganmol, haeddol hynt.

Gweision ydyw'r gwynt a'r tonnau
Yn cwblhau yn ddiau ddeddf
Ac ewyllys eu creawdwr,
Sŵn eu cryfder sy'n eu greddf;
Pan ddywedo 'Byddwch wrol'
Yn ôl ei nerthol air hwy wnant,
Os rhaid gyda pheri adfyd
Foddi hefyd, ufuddhant.

Sugnwyd chwech i safn marwolaeth,
A rhagluniaeth yn rhoi glan
I bedwar dyn a'r ddeg ohonynt –
Da fu'r helynt, Duw fo'u rhan.
Yn ôl eu dawn i feibion dynion
Mae'r fath droion, chwerwon chwith,
Yn arddangos yn dra goleu
Y daw angau ym mhob rhith.

Thomas Williams, y llong-lywydd
Heddiw sydd a dydd ei daith
Hyd ei yrfa wedi darfod,
Ar y gwaelod oera' gwaith;
A'i ferch Sidney yr un ffunud,
Yr un munud i'r un man,
Hyll i hon oedd colli'i heinioes,
Garw loes wrth gwr y lan.

Pa rhyw les fuasai dyfais
Anian, ymgais dyn a'i nerth;
Ni threngasai Ellis Gruffydd
Yn y cystudd tonnog certh.
Na Dafydd Thomas o Bant Fali
Yn yr heli anwar hallt.
Taflai'r môr rhai llai eu hawgrym,
Yn nydd ei rym i nawdd yr allt.

Cyrff y pedwar uchod gafwyd,
A derbyniwyd gan dŷ'r bedd;
Tua'r hwn mae pawb a'u trafael,
O! mor wael yw marw wedd.
Mae tŷ er datod y daearol,
Eto'n ôl gan ddwyfol ddawn
I'r cyfiawnion – cânt o'r beddrod,
Ddydd i ddod ollyngdod lawn.

Ond John Jones a William Williams,
Enwau dinam sy'n y don,
Am hyn y mae chwanegol gystudd,
Och! llwyr brudd uwch llawer bron;
Yno'u hesgyrn a wasgerir
Cesglir dygir hwy bob darn,
Pan gano'r utgorn uwch yr eigion,
Codwch feirwon – dewch i farn.

Tad trugarog llawn addfwynder,
Dy wir dyner arfer yw
Lwyr fendithio dyrys droion,
Er rhybuddion i'r rhai byw;
Gwna i'r gweddill a adawyd
Fyw yn 'darswyd a'th ofn dwys,
A gair dwyfol boed eu rheol
Gydwybodol yn gyd-bwys.

Cafodd gweddwon gennyt ddigon
O'th fendithion, rhoddion rhad,
Ti i'r gwan amddifad gwirion
Fuost ffyddlon dirion Dad'
Boed i'r un drugaredd eto'n
Fuan wawrio, addfwyn wedd,
Gweddwon ac amddifad Enlli
Gaffo'i phrofi hi a'i hedd.

Drwy'r holl ynys treddied sobrwydd,
I'th air lwydd a rhydd fawrhad;
Tyn ei phobl i'r wir ymgeledd
O fewn hedd y cyfiawnhad.
Boed eu gweddi hwy bob ennyd
Pan ar hyd terfysglyd fôr –
'Arglwydd ar y gwynt a'r tonnau
Cau dy ddyrnau, cadw'r ddôr.'

Tro galonau gwŷr y llongau,
Trwy holl barthau bannau byd
I gydnabod ac i gredu
Mai Ti sy'n meddu'r gallu i gyd.
Dangos iddynt nad oes noddfa,
Diogelfa ond y Gŵr
A wyr rif y sêr a'u henwau
Rhif a phwysau'r dafnau dŵr.

Ieuan Lleyn

(Claddwyd Thomas Williams a Sidney, ei ferch, 2 mlwydd oed, yn Eglwys
Sant Hywyn, Aberdaron.)

*Ganwyd Evan Pritchard, 'Ieuan Lleyn' (1769-1832) yn Tŷ-mawr,
Bryncroes, yn fab i Richard Thomas, saer maen, a Mary Charles, merch
Siarl Marc (1720-95). Bu'n athro ysgol yn Llanddeiniolen, Arfon cyn*

symud i fyw i Lloegr yn 1800 lle bu'n dilyn ei alwedigaeth fel swyddog tollau. Daeth yn ei ôl i Gymru tua 1812 ac ymhen pedair blynedd yn ddiweddarach priododd Mary Roberts, ei gyfneither, o Hendy, Bryncroes, a ganwyd iddynt ddau o blant. Bu'n cadw ysgol ym mhlwyf Bryncroes hyd ei farw ym mis Awst, 1832. Yr oedd yn fardd ac yn hynafiaethydd rhagorol. Bu'n olygydd Y Greal, sef Trysorfa Gwybodaeth, a gyhoeddwyd yng Nghaernarfon yn 1800. Ef oedd awdwr: Caniadau Ieuan Lleyn, *ynghyd a sylwadau ar ei fywyd a'i waith a gyhoeddwyd ym Mhwllheli yn 1878, o dan olygiaeth Myrddin Fardd. Claddwyd ef ym mynwent Eglwys Bryncroes.*

Myfyrdod

Dechrau Gwanwyn ydoedd a minnau wedi cael fy nhe. Penderfynais fynd i ben Mynydd Ystum heb ddweud wrth neb, ac euthum o'r tŷ yn ddistaw.

Wedi croesi'r caeau, sylwais yn barod fod rhai o'r adar yn dechrau noswylio oblegid cododd llawer ehedydd a gylfinir wrth imi fynd heibio. Yr oeddwn yn canu wrthyf fy hun ac mor braf ydoedd heb neb i ddweud fy mod allan o diwn ers meityn. Sylwais ar fy nhaith fod mwg y tai yn mynd yn syth i fyny a hynny'n arwydd fod tymer dda ar wraig y tŷ (meddai'r hen air). Ys gwn i a oedd rhywun mor hapus â myfi?

Wedi cyrraedd pen y mynydd eisteddais i lawr i edmygu'r olygfa.

> Pe bawn i yn artist
> Mi dynnwn lun
> Rhyfeddod y machlud
> Dros Benryn Llŷn.

Dyna eiriau'r bardd a ddaeth i'm cof y munud hwnnw. Yr oedd yr haul fel pelen o dân yn ymdoddi i'r gorwel dros Borthor fel pe bai'n rhoi ei ben o dan gyfnas sidan las. Yr oedd yn taflu ei lewyrch dros Benrhyn Llŷn a hithau'n ymddangos fel cyfnas o borffor yn rhoi pawb o dani, a Mynydd Mawr ac Anelog fel milwyr yn ei gwarchod. Drostynt mae Enlli lle mae ugain mil o saint yn huno yn ei thawelwch sanctaidd. Codais fy ngolwg ac edrych o'm hôl ar Langwnadl, a Mynydd Rhiw a Chefnamwlch, a Garn Fadryn a'r Eifl yn y pellter. Rhoddais fy mhen i lawr a gwrando ar y gwahanol fathau o sŵn, sŵn

Afon Cyll-y-Felin yn prysur lithro i'r môr ac Afon Bodwrdda fel pe bai'n ei hateb.

Yr oedd yr haul wedi suddo pan sylwais ei bod yn amser mynd adref. Cerddais i lawr a gweled y brain yn mynd o Goed Carreg Plas i Goed Bodwrdda ac yn clegar fel pe baent yn dweud 'Nos da', wrth ei gilydd.

Rhoddais fy llaw ar Garreg Samson ond yr oedd fy mysedd yn rhy fach i ffitio'n ôl pum bys y cawr. Wrth gerdded i lawr yr oeddwn ofn deffro'r adar bach a oedd newydd noswylio.

Erbyn cyrraedd y gwaelod gwrandewais drachefn – Gafr y Gors yn rhoi sgrech, llwynog yn cyfarth ac un arall yn ei ateb, oenig yn brefu am ei fam wedi diwrnod o chware.

Neidiais yn fy nychryndod. Tylluan oedd yn mynd heibio i'm pen cystal â dweud, 'Mae'n hen bryd i tithau noswylio hefyd'.

(Elisabeth Glenys Jones, Dosbarth IIIA, *Y Gloch*, 1960)

EFAILNEWYDD

Robert Francis Williams (1877-1916)

Ganwyd ef yn Y Fron, Efailnewydd, Gorffennaf 12, 1877. Hanai o deulu athrylithgar, a gellir nodi ffeithiau yn profi fod llinell cerdd a chân yn rhedeg yn amlwg yn y teulu. Collodd ei rieni pan yn ieuanc. Roedd y tad yn flaenor gyda'r Methodistiaid a'r fam yn un o wragedd mwyaf talentog a rhinweddol y fro. Gadawyd Robert Francis yng ngofal ei ddwy chwaer a'i frawd.

Pan ddaeth ef i oedran i droi allan i'r byd, fe'i prentisiwyd yn argraffydd ym Mhwllheli. Nid oedd ef o gyfansoddiad cryf erioed, byddai gorchwyl fel agor drws y swyddfa argraffu, a'i gau i mewn yno, yn gwanhau ei gorff hyd yn oed.

Wedi cael cychwyn ar y ffordd iawn, ac o dan nawdd pellach ei frawd, W.J. Williams, a oedd yn gerddor a chyfansoddwr coeth, daeth yntau hefyd i garu llenyddiaeth ac i ymhyfrydu yn neillduol yn y gynghanedd. Meddai wybodaeth eang iawn, a thrwy hunan-ddiwylliant daeth i feddu barn aeddfed ar wahanol faterion. Breintiwyd ef hefyd â chlust y cerddor, a gallai ef chwarae y grwth ers pan oedd yn fachgen ieuanc. Cafodd lawer iawn o fwynhad yn ystod ei oriau hamdden o dynnu miwsig oddi ar linynnau ei grwth. Cystadleuodd ac enillodd ar y gorchwyl anodd hwnnw. Ond ei bleser pennaf oedd llunio cân ac englyn, ac o'r holl dduwiesau cain, Ceridwen a'i swynai fwyaf. Llosgodd llawer i englyn am na theimlai ef nad oedd i fyny â'r hyn y carai iddo fod.

Ynglŷn ac eisteddfod a gynhaliwyd ym Mhwllheli, cynigiwyd gwobr am englyn i'r Arlywydd Kruger. Cyfansoddodd Robert Francis englyn, ond ni ystyriodd hi yn werth ei hanfon i'r gystadleuaeth honno. Pan ddaeth noson y cyfarfod dywedodd y beirniad fod nifer fawr wedi cystadlu, rhai gwael a rhai gwell, ond ni chredai fod yr un yn deilwng o'r wobr; a dywedodd y rhoddai y testun yn agored, ac os deuai englynion gwell i law y cawsai y gorau y wobr. Ar gais taer cyfaill oedd yn y cyfarfod gyda Robert Francis, anfonodd

Y Fron, Efailnewydd, lle ganed R. F. Williams

yntau yr englyn a wnaeth, ac enillodd y wobr gyda chanmoliaeth.

Arwahân iddo ennill gyda'i englynion, bu hefyd yn llwyddiannus gyda chywyddau a thoddeidiau, ac hefyd am gyfieithiadau. Yr oedd yn ôl pob hanes yn gyfieithydd tan gamp. Ymysg rhai o'r cerddi buddugol hynny oedd un o 'Salm of Life', a 'Rain in Summer' gan Longfellow o'r emyn Saesneg, 'Come Thou Font of Every Blessing', a hefyd un o ganiadau 'In Memoriam' gan Tennyson.

Yr oedd yn hoff iawn o gwmni natur. Carai rodio glan yr afon a gwrando cân yr aderyn, ac ymhyfrydu mewn blodau a choed. Canodd i'r Haf ac meddai: 'Ei hael wres liwia'r rhosyn/A grea glog aur y glyn'. A dyna ei gyffyrddiad barddonol iawn i'r Gaeaf wedyn: 'Y rhewynt llym chwareua/Ar wig noeth alargan ha'.

Cafodd annwyd a droiodd yn angeuol iddo, a bu farw Mehefin 16, 1916 yn 38 mlwydd oed. Claddwyd ef ym mynwent Bethel, Penrhos, Pwllheli.

(*Cymru*, Hydref 1917)

Y Friallen

Anrheg gynnar y Gwanwyn – inni oll
   Yw'r friallen ddillyn;
I'w chanfod fel bathodyn
Euraidd glwys ar wyrdd y glyn.

Y Rhosyn

Swyn y berth yw'r rhosyn byw – a'i rhuddwawr,
   Bereiddydd digyfryw;
Ar fron haf mor firain yw,
Ei hudol febyn ydyw.

Y Lili

Pwy na châr hygar agwedd – y lili
   Wylaidd? Nid yw'n rhyfedd
I'm gwig Ion, wrth lunio'i gwedd,
Roi ar hon wawr ei rinwedd.

Yr Eirlys

Y siriol eirlys eirian, – ar wyw faes
   Ceir efe, ei hunan,
A theg glog, – fel gobaith glân,
Yn gwenu uwch cwsg anian.

R. Francis Williams, Efailnewydd (*Cymru*, 1906)

John Francis, Rhydhir
(1789-1843)

Ganwyd Mawrth 20, 1789, yr hynaf o saith o blant, i William a Margaret Francis, Melin Rhydhir, Efailnewydd. Dangosodd awydd at gerddoriaeth ers pan oedd yn ieuanc, canu y byddai bob amser bron. Yr oedd yn fachgen cyflym ei amgyffred, a chryf ei ddeall; ac yr oedd hefyd yn blentyn hynaws a thirion, ac yn un a gerid yn fawr gan bawb o'i gydnabod. Wrth iddo dyfu i fyny daeth y doniau hynny yn fwy amlwg yn ei gymeriad.

Dilynodd yr un alwedigaeth â'i dad, sef melinydd. Dechreuodd gyfansoddi cerddoriaeth yn ieuanc iawn, a phan y byddai ef wedi cyfansoddi tôn neu anthem, byddai yn wastad yn ei dysgu i'w chwiorydd. Bu'n arweinydd y gân ym Mhenlan (A), Pwllheli am rai blynyddoedd. Yn Seren Gomer, rhifyn Tachwedd, 1821, ceir tôn o'i waith o'r enw 'Mwyneidd-dra', yn ogystal â 'Gomer' a 'Pwllheli'. Ymddangosodd 'Gomer' hefyd yn Y Dysgedydd, wedi ei threfnu ar gyfer tri llais, ond yr oedd gwallau ynddi, ac y mae wedi ei chamacenu. 'Penlan' oedd un arall o'i donnau ef. Cyfansoddodd anthem ar Salm 39; adnodau, 5, 6 a 7 a bu llawer o ganu arni yn Llŷn ac Eifionydd yn yr hen ddyddiau.

Arferai gadw ei lyfrau canu a chyfrifon mewn cist yn yr hen felin yn Rhydhir, ond rhyw noson torrodd lleidr i mewn a dwyn y cwbl. Priododd Ellen, merch i Evan ac Elizabeth Evans, Trawscoed, Llannor. Ganwyd iddynt un ferch a fu'n byw yn Lerpwl. Bu farw John Francis ar Awst 29, 1843, a'i gladdu ym mynwent Capel Penlan, Pwllheli.

BODUAN

'Comet', Penybryn

Fel mae'r drefn wedi newid mewn byr amser! Chwarter canrif yn ôl y ceffyl oedd popeth a'r cariwr gwledig a'i drol a gysylltai'r pentrefydd a'r dref agosaf. Hwy a gludai'r glo i'r tai a'r metlin ar wyneb y ffordd. Cyn dyfodiad y loriau a'r bwsiau y ceffyl a'r drol oedd asgwrn cefn trafnidiaeth.

Ceffyl a fu wrth y gwaith o gario glo a nwyddau i'r siopau yn ardal Bodfean, am dros ugain mlynedd oedd 'Comet', Penybryn. A daeth ei gallineb yn ddihareb. Nid oedd yn rhaid tywys 'Comet' gyda llwyth o lo o Borth Dinllaen. Fe wyddai ei ffordd wrth gwrs. Nid oedd angen lein i'w roi ar y cloriau pwyso yn y stesion ym Mhwllheli. Fe gerddai yno wrtho'i hunan gyda'r drol wag ac yn ei ôl yno drachefn ar ôl cael llwyth. Roedd o wedi hen, hen arfer â'r gwaith.

Gyda 'Comet' rhwng llorpiau'r drol bu Mr Hugh Hughes yn gariwr yn yr ardal am dros ugain mlynedd. Yn aml aethai i Bwllheli ddwy waith yn y dydd, a chawsai dri swllt am gludo o bymtheg i ddeunaw cant o lo. Pan aeth busnes yn slac gyda dyfodiad y loriau troes Mr Hughes ati i redeg tripiau gyda brec. Yna, daeth y bwsiau i roi terfyn ar hynny ac wedyn, yn ogystal â ffermio ei ddyddyn 12 acer bu Hugh Hughes yn canlyn y dyrnwr ac yn ddiweddarach yn gweithio i'r pwyllgor amaethu am naw mlynedd.

Yn oes y drol a'r ceffyl roedd y cyfarfod llenyddol mewn bri garw ymhob ardal, ac mewn cystadleuthau yn y rheini byddai testun y gân yn ymwneud â rhywbeth cyfarwydd iawn i'r trigolion. Fel rheol byddai sawr y pridd ar y testunau. Felly yr anfarwolwyd 'Comet' ar ddu a gwyn. Dyma'r gân a enillodd wobr i Mr Richard Davies Williams, Tynycoed, Bodfean (m. Hydref 31, 1957, yn 70 oed) mewn eisteddfod ym Modfean yn 1912, ac a roes i 'Comet' y deyrnged a haeddai am ei lafur hir a gwerthfawr nes yr oedd dros ei ugain oed . . .

Os haedda unrhyw geffyl
Gael cân ar ddu a gwyn,
Mae'n siŵr mai'r ceffyl hwnnw
Yw 'Comet', Penybryn;
Hen geffyl call ryfeddol
Nid oes ei well trwy Lŷn,
Mae mwy o synwyr ynddo
Nag sydd mewn llawer dyn.

Mae'n ddigon anodd credu
Ei fod dros bymtheg oed,
Mae'n hardd ei ysgogiadau,
Mae'n ysgafn ar ei droed;
Ol henaint ddaeth er hynny,
A'i wneud yn hollol wyn,
Un glas ei liw oedd 'Comet'
Pan ddaeth i Benybryn.

Ond er mewn gwth o oedran,
Y mae yn llawn o hoen.
Does nogio yn ei hanes
Na diogi yn ei groen.
Am 'sibones, jacks a spafan',
D'oes 'run o'r beiau hyn
I'w gweled nag i'w teimlo
Ar 'Comet', Penybryn.

Hen geffyl wedi gweithio
Blynyddoedd yn ddi-ball,
Mae'n mynd o hyd i ddanfon
Ei lwyth i hwn a'r llall;
Mae wedi cario llawer
At 'fildio' yn y fro,
Cynhesodd lawer aelwyd
Trwy'i waith yn cario glo.

Hugh Hughes, Penybryn a Comet

Mae'n dynnwr digyffelyb,
D'oes eisiau cyffwrdd chwip,
Na bloeddio 'Pull up, Comet'
I'w gael dros unrhyw glip;
A sôn am 'traction engine'
I dynnu'r dyrnwr, wir,
Mae 'Comet' gystal traction
A'r un o fewn y sir.

Mae 'Comet' wedi dechrau
Ar waith yn fore iawn,
A deil o hyd i weithio
Trwy gydol hir brynhawn;
Dylasai gael noswylio
Ers amser maith cyn hyn,
Ond debyg mai y beddrod
Fydd noswyl 'Cometwyn'.

135

Mae pensiwn i hen bobl
Bob wythnos – goron gron,
Ac yn ddiamau teilwng
I'r cyfryw ydyw hon;
Dylasid fod y Senedd
Yn unfryd erbyn hyn,
Yn pasio i roi pensiwn
I 'Comet', Penybryn.

Wel, rhaid terfynu bellach,
Mae'r gân yn mynd yn faith,
Ond anodd iawn gwneud hynny,
Felysed yw y gwaith;
Hir oes fo i'r hen 'Gomet',
Yn iach y bo 'rhen ffrind,
Gwnaiff eto destun marwnad
Pan fydd o wedi mynd.

(Y Cymro, 1955)

LLANNOR

William Roberts

Bardd ac anterliwtiwr a flodeuai yn Mur Llwyd*, Llannor, oddeutu canol y ddeunawfed ganrif oedd William Roberts. Bu'n glochydd yn Eglwys Llannor, ac yn gyfaill i John Owen, Canghellor Eglwys Bangor, a fu'n ficer yn Llannor a Deneio, Pwllheli, yn 1723 – un a wrthododd yn chwyrn gais Howel Harris yn 1741 i sefydlu ysgol yn Eglwys Llannor. Y mae rhan fwyaf o hanes William Roberts wedi ei groniclo gan ei wrthwynebwyr, gan bod ei brif orchest ef ynglŷn ag ymweliad cyntaf Howel Harris â'r 'grefydd newydd' i Lŷn, yn 1741 ac ymlaen. Yn ôl traddodiadau'r plwyf fel y cafwyd gan un o'r enw Siôn Owen, y saer, tua'r flwyddyn 1875, dywedir mai llysenw ei fam yn ardal Llannor oedd 'Sian Weflsur', a pan y gwnaed ef yn glochydd, canodd cymydog iddo o'r enw 'Sion lo fyswynog' iddo fel hyn . . . 'Mae gennym glochydd newydd/A thrwyn fel pig gylfinhir/A minnau adwaen hwn yn dda/Efe yw Wil Siân Weflsur'.

A dyma oedd ateb y clochydd: 'Taw a'th nad a'th frcgad frân/Ni thâl dy gân ddwy geiniog/Ni chaf ddim llonydd yn fy mro/Gan Sionyn lo fyswynog'.

Nos Sadwrn, Chwefror 1af, 1741 daeth Howel Harris i Glasfryn Fawr, Pencaenewydd, a thrannoeth aeth i Eglwys Llannor i wrando ar y Canghellor John Owen (1698-1755) yn pregethu. Yn y cyfamser, yr oedd yn Llannor, glochydd, garddwr, gŵr celfyddgar, yn ysgolhaig a phrydydd, ac fel y dywedwyd eisoes yr oedd yn gyfaill mawr i John Owen – yn alluog i droi ei law at wahanol orchwylion. Yn rhestr y tanysgrifwyr a geir yn *Geiriadur Siôn Rhydderch*, a gyhoeddwyd yn 1725, ceir enw William Roberts, book-binder, Llannor, ac ar restr arall enw y Parch. John Owen, ficer Llannor a Deneio, ynghyd â nifer o danysgrifwyr eraill o Lŷn. Yn ôl y Parch. Robert Jones (1745-1829), Rhoslan, dywed ef mai y Canghellor wnaeth anog y clochydd i gyfansoddi coeg-chwarae (interlute) ar Harris a'r Methodistiaid, a thrwy hynny cafodd lawer o arian. 'Arweiniodd ei feistr ef,' meddai un tro, 'i gyfarfod oedd gan foneddigion mewn palas a elwir Bodfel, yn agos i Bwllheli, a than guro ei gefn, a dweud wrth y cwmni, "Gwelwch, foneddigion, dyma'r gŵr a wnaeth y gwaith," ar hynny cyfrannodd y boneddigion iddo yn gyfan ddeg gini a deugain.' Enw'r interliwt oedd yn ymosod ar y Methodistiaid oedd: Interlude Morgan y Gogrwr ar Gariadogs neu Ffrewyll y Methodistiaid. Dywed y Parch. John Hughes (1796-1860) awdwr *Methodistiaeth Cymru* (tair cyfrol, 1851-56, mai yn 1745 y cyhoeddwyd yr interliwt, ond y mae'n bosib i fwy nag un argraffiad fod wedi ymddangos.

Argraffwyd un arall o ganeuon William Roberts o dan yr enw: Ail fflangell ysgorpionog i'r Schismaticiaid o'r Methodism newydd a nod y fall arnynt. Cyhoeddwyd gwaith arall ganddo: I Ofyn Pen Rhaw, yn *Blodeugerdd Cymry*, a cheir englynion o'i waith yn ysgrifau rhifau 226 a 771 Cwrtmawr, yn y Llyfrgell Genedlaethol yn Aberystwyth.

Ni wyddom pryd y bu ef farw ond iddo gael ei gladdu yn ddi-garregfedd ym Mynwent Eglwys Llannor.

(Myrddin Fardd, *Enwogion Sir Gaernarfon*, 1922)

* Yr oedd Mur Llwyd wedi ei leoli gyferbyn â drws ffrynt Capel Bethania MC, Llannor, yng ngwaelod y cae, ar lan yr afon. D'oes yno ddim i'w weld erbyn heddiw.

Hynafiaethau

Damwain angeuol

Brydnhawn ddydd Mercher, Hydref 31ain, rhwng 6 a 7 o'r gloch, fel yr oedd Mr Richard Williams, Tŷ Du, plwyf Llannor, wedi dychwelyd adref o farchnad Pwllheli, a cheffyl a throl., yn dwyn nifer o foch ieuangc; a phan oedd wedi cyrraedd y tŷ, ac wedi galw ar y gwas i'w gynorthwyo i gymeryd y moch o'r drol, nadau y creaduriaid a ddychrynodd y ceffyl fel y rhuthrodd ymaith, a dymchwelodd y drol yn ebrwydd, a thaflwyd Mr Williams allan gyda'r fath godwm fel y bu farw yn y fan. Cynhaliwyd cwest ar ei gorff, a rhoddwyd rheithfarn o 'farwolaeth ddamweniol'.

(*Gwladgarwr*, Rhagfyr 1838)

Y Ddafaden Wyllt neu'r Cancer
(At Gyhoeddydd y *Gwladgarwr*)

Syr, –   Os rhynga bodd i chwi roddi yn rhyw gwr o'ch cyhoeddiad, yr ychydig linellau canlynol, byddaf dra diolchgar i chwi:

Wedi bod fy hun, am saith neu wyth o flynyddoedd yn cael fy mhoeni yn dost (ar amserau) gan yr hyn a eilw y Cymry Dafaden Wyllt, er mai nid heb ymgais parhaus am wellad, yn mhell ac yn agos; bum dan ddwylaw pump o feddygon clodfawr; ie, dros hanner blwyddyn yn defnyddio cyffeiriau rhai ohonynt; y penaf glod o ba rai oedd y Dr Tailor, Manchester: er y cwbl, gwaeth oeddwn yn y diwedd nag yn y dechreu. Aethym erbyn hyn yn bur dorcalonus, wrth weled nad oedd y rhai enwocaf yn gwneud dim daioni i mi; a mawr oedd fy awydd am gael hanes rhyw un celfyddgar yn y gorchwyl hwnnw, ac o'r diwedd cefais hanes am y cyfryw un, a hynny gan gymydog iddo, sef ei fod yn un pur dda at y Dafaden Wyllt, neu'r Cancer. Eithr mor dda oedd genyf glywed amdano, eto nid oedd genyf ond cred wan y medrai fy ngwella i, wedi i gynnifer fethu. Pa fodd bynag, ato yr aethym, a bum gydag ef bythefnos. Cefais ddychwelyd adref, a'r niwed wedi ei dynu allan ac ychydig o eli gyda mi i wella'r briw, yr hyn a wnaeth yn fuan. Nid oedd ei gyffeiriau yn dost i'w goddef – nid hanner mor dost a llawer o oddefais, a phe buaswn yn myned at y gŵr hwn yn y dechreu ni buasai'r goddef mor chwarter yr hyn oedd. Peth arall, nid oedd ei fil ond ysgafn iawn.

Enw y gŵr y cyfeirir ato uchod, ynghyd a'r fan y mae'n preswylio, sydd fel y canlyn: Mr Robert Williams, Ty'n y Gerddi, ym Mhentref Aber, gerllaw Bangor. Oddi ar fy nheimladau fy hun, a thosturi tuag at eraill a ddichon y goddef o dan effeithiau y cyfryw ddolur ag a gefais i fy hunan, y cymhellwyd fi i ysgrifennu y llinellau hyn. Mae ugeiniau o amgylch a roddant yr un gair iddo a minnau, ac yn brofiadol o'i feddyginiaeth fel fy hunan. Pwy bynnag sydd dan effeithiau y cyfryw ddoluriau peryglus, a chanddynt fodd i fyned, elont ato gyntaf y gallont, heb oedi dim.

Ydwyf yr eiddoch &c.
D. WILLIAMS, Llannor, ger Pwllheli.
Chwefror 4, 1840

Brawdlys Sir Gaernarfon

Cyhuddwyd Richad Elias, yn mhlwyf Llannor, o ladrata dwy gynfas o eiddo Ellen Pennie, Efailnewydd. Mr Powell dros y gyhuddwraig, a Mr Bodvan Griffith dros y cyhuddiedig.

Ymddengys fod Mr Elias yn rhyw fudr garu Ellen Pennie, ac iddo ddwyn y ddwy gynfas oddiar y berth, o ran sbort. A'r chwerwder yn yr achos oedd, iddo droi i garu y ferch yn lle y fam; ond gwadodd y ddwy na dderbyniwyd ef gan y naill na'r llall yn gariad rheolaidd. Galwodd yn y tŷ wrth fyned adref o'r seiat y noswaith cyn colli y cynfasau. Addefodd y gyhuddwraig na fuasai yn ei gyhuddo pe gwybuasai y daethai o flaen y llys.

Sylwodd Mr Bodvan Griffith, mai peth anhygoel iawn yr âi dyn crefyddol, wrth fyned adref o'r seiat, i ddwyn cynfasau, ac mai gwir oedd iddo eu cymryd o ran sbort, er mwyn ymgripio ychydig â'r weddw a'i merch, fel bydd cathod cyn myned ynghyd. – Dieuog.

(*Y Cyfaill o'r Hen Wlad*, America, Mawrth 1850)

PENTREFUCHAF

Gutyn Lleyn

Ei enw bedydd ef oedd Gruffydd Roberts, mab i Gruffydd ac Ann Roberts, a anwyd yn Tŷ Corniog, Pentreuchaf, ym mhlwyf Llannor, yn 1804. Ychydig o fanteision addysgol a gafodd ef ond bu'n fyfyriwr dyfal a diwyd, yn fwyaf arbennig mewn cerddoriaeth a barddoniaeth. Bu'n cyfrannu ar rhai adegau i'r *Arweinydd* (Pwllheli), sef y papur newydd a olynodd *Yr Eifion* wythnosol hyd 1859; a hefyd *Y Greal* (Llangollen). Cyfansoddodd gyfres o englynion ar y testun: Y Rhagrithiwr, a hefyd Cywydd Marwnad William Lloyd, mab i Thomas ac Elizabeth Lloyd, Factory, Penrhys [Pemprys tybed heddiw?]. Bu farw Mai 3, 1851, yn 26 mlwydd oed.

Bu'n gohebu gydag Eben Fardd am lawer o flynyddoedd, ac ymysg papurau y gŵr hwnnw, ceir englynion anerchiadol o eiddo y naill i'r llall, sy'n profi eu bod yn coleddu syniadau uchel am ei gilydd. Bu Gutyn Lleyn farw ar Orffennaf 31, 1863, yn 59 mlwydd oed, a'i gladdu ym Mynwent Eglwys Llannor, ond nid oes yno ddim i nodi ei feddrod.

Tŷ Corniog, fel y mae heddiw.

RHYDYCLAFDY

Beren

Mab i Evan Thomas Griffith (m. yn Gorphwysfa, Rhydyclafdy, Hydref 15, 1908 yn 87 oed), gynt o Allt Ddu, Rhydyclafdy; ac Ellen Griffith (m. yn Gallt y Beren, Rhydyclafdy, Rhagfyr 9, 1909 yn 92 oed), oedd Thomas Evan Griffith, 'Beren'.

Rheidweinydd a chofrestrydd geni, priodi a marw, yn Nosbarth Pwllheli, am dros ddeugain mlynedd, oedd galwedigaeth ei dad. Ganwyd 'Beren', yn Bodgadle, Rhydyclafdy, yn 1852, sef cartref ei fam. Ac yng nghymdogaeth Rhydyclafdy, gan symud i amryw o wahanol fannau, y treuliodd 'Beren' y rhan fwyaf o'i fywyd.

Yn ŵr ieuanc dangosodd ei allu fel bardd a llenor. Un o'r pethau gorau a gyhoeddwyd ganddo oedd: Hosanna Mynydd Seion, yn nghyfnod Diwygiad 1904-05. Yr oedd yn deall y Tonic Solffa yn dda, a mynych y byddai galw am ei wasanaeth fel beirniad llenyddol barddonol a cherddorol, a hefyd fel arweinydd.

Priododd gydag Ellen Griffith, merch Gallt y Beren, a ganwyd iddynt ddwy o ferched. Cymerai ran flaenllaw gyda materion crefyddol, cymdeithasol a gwleidyddol. Bu'n flaenor gyda'r Methodistiaid Calfinaidd yn Rhydyclafdy, yn gadeirydd y Cyfarfod Misol ac un Cyngor Gwledig Llŷn. Ef yn wir, oedd y cynghorydd sir cyntaf dros y rhanbarth hwnnw. Gweithiodd yn egniol dros ddirwest yn ei flynyddoedd cynnar, gan gyhoeddi llyfrau i blant ar y pwnc hwnnw.

Ymysg rhai o'i gerddi mwyaf poblogaidd ceir:

- Beth sy'n drwm i edrych arno (*Dyngarwr*, Ionawr 1879);
- Y llwynog a'r grawnwin, chwedl gan Aesop (*Dyngarwr*, Mawrth 1879);
- Y Mynydd a'r Môr – cyfansoddiad yn arbennig ar gyfer Côr Cymry Llundain; y gerddoriaeth gan D. Jenkins, Mus.Bach. A'ystwyth;
- Rhagluniaeth – cyfansoddwyd ar fore Dydd Diolchgarwch, Hydref 28, 1879 (*Dyngarwr*, Chwefror 1880);
- Trwydded y tafarnwr (*Dyngarwr*, Hydref 1880);

– Hardd Rosyn Saron, Tôn: A Welsoch Chwi Ef? (*Trysorfa y Plant*, Tachwedd 1897);

– Mae Dyn yn werth ei gadw (*Drysorfa*, Ebrill 1899);

– Digon o dwrw, ychydig o wlân (*Trysorfa y Plant*, Gorffennaf 1899);

– Dan y faner wen – ymdeithgan ddirwestol; y gerddoriaeth gan y Parch. R.O. Williams, L.T.S.C., Amlwch (*Trysorfa y Plant*, Rhagfyr 1900);

– Ni Byddaf Farw, ond Byw – llinellau a gyfansoddwyd wrth wrando pregeth gan y Parch. D. Lloyd Jones, M.A., ar y testun hwnnw, yn Sasiwn Pwllheli, Awst 1900 (*Trysorfa y Plant*, Rhagfyr 1900).

Hefyd cerddoriaeth:

'Beren'

– Dysgu'r Nodiant Newydd – deuawd i denor a bass (*Dyngarwr*, 1878);

– Ymdeithgan Ddirwestol – geiriau gan T.E. Griffith, y gerddoriaeth gan 'Pedr Alaw', Llundain (*Dyngarwr*, Ebrill 1879).

Ac o leiaf dwy gyfrol:

– *Yr Adroddiadur Dirwestol* (Caernarfon 1873);

Adroddlyfr y Plant, sef cyfrol o ganeuon a dadleuon at Gyfarfodydd y Plant (Caernarfon 1899).

Bu 'Beren' farw Tachwedd 30, 1914 yn 62 oed; ac Ellen, ei briod, Mawrth 27, 1917, yn 73 oed. Claddwyd y ddau, ochr yn ochr ger carreg fedd ei rieni, ym Mynwent Eglwys Llanfihangel Bachellaeth, ar gwr pentref Rhydyclafdy.

Y Moryn Gwyn

(Alaw – *The White Squall*
Efelychiad gan T.E.G. 'Beren', Allt Ddu, Rhydyclafdy)

Y môr oedd glir fel y marmor gwyn
A chludai'r awelon sŵn clychau'r glyn;
Roedd y llong yn hardd a'i morwyr lon,
Y dewraf wŷr a fu'n hwylio'r don:
Disgleiriai pob hwyl yn yr hwyrol 'nawn
A chalonau pawb oedd yn ysgafn iawn.

Neshaent i dir gyda'i geinion gwiw
A llenwid eu bron gydag adgof byw, –
Cof am eu cartref a'u ceraint cu
Sy'n awr yn llanw mynwesau'r llu;
Gyda chalon lawn ar yr aelwyd lân
Yn y wledd a'r ddawns, gyda nwyfus gân.

Ond cwmwl gwyn ar y lasnen oedd
A chlywid hyf, ddiobaith floedd,
Ffarwel obeithion hoff yn awr
Clywch ddolef gwae, uwch yr eigion mawr:
Wele 'Forwyn gwyn' – dyna'r storm ddihedd,
Dacw'r morwyr dewr yn y dyfrllyd fedd.

(o'r *Dyngarwr*, Mehefin 1879)

144

Allt Ddu, Rhydyclafdy

Carreg fedd 'Beren' a'i wraig (yr un bloc-sgwâr) yn Llanfihangel Bachellaeth.

145

LLANFIHANGEL BACHELLAETH

Yn Llanfihangel Bachellaeth
Mae'r lle tawela 'ngwlad Llŷn,
Yn Llanfihangel Bachellaeth,
Pe caet dy ddymuniad dy hun,
Heb ffwdan na hir baderau
Fe roddem dy gorff i lawr
Lle ni ddaw ond cân ehedydd
I dorri'r distawrwydd mawr.

Dygyfor trwy Ddyffryn Nanhoron,
Dygyfor mor drist ag erioed
Bob gaeaf y byddai'r awelon
A chrio'n ddigysur drwy'r coed.
Yn Llanfihangel Bachellaeth
Ni chlywit mohonynt mwy,
Ni chlywit mo'r gloch yn cyhoeddi
Awr weddi ffyddloniaid y plwy'.

Ond pan ddeuai'r haf unwaith eto
A lliw dros holl fryniau bach Llŷn,
Y bryniau gwyryfol a fernaist
Mor lluniaidd a bronnau dy fun,
Yn Llanfihangel Bachellaeth
Dôi dagrau dy gariad drwy'r gro,
A'r grug a flodeuai yn borffor
O'th lwch yn hyfrydwch dy fro.

(o *Cerddi Cynan – Y Casgliad Cyflawn*, Cynan 1967)

146

Eglwys Llanfihangel Bachellaeth

147

GARNFADRYN

Carn Fadryn

Dacw Carn Fadryn yn gefngrwm ei drum,
gwylfa dros diroedd gwyrddleision rhwng deufor;
yma bu tylwyth dihanes mewn grym,
gwylwyr fu'n craffu ar dir ac ar gefnfor.

Pegwn gwlad Lleyn, nod i'w weled yn hir
cyn doe'r pysgotwr i olwg y glenydd;
draw fel rhyw ynys yn bell o bob tir;
ynys bell unig ar gamog môr Werydd.

Ie, fel hyn gwelai forwyr y Garn
yn yr hen oesoedd wrth droi Pen Caergybi,
ac o'r De hefyd wrth ochel y Sarn;
felly y byddai i Hugh Jones yr Abbey.

Prin yr ymwelwyr o'r godre i'r Garn,
bechgyn i weled y tri môr ar brydiau;
gwŷr ysgolheigaidd i ddwedyd eu barn
am bwy a gododd y cytiau a'r caerau.

Amlach ymwelwyr glawogydd a gwynt,
niwloedd digynwrf yn gaddug disyfyd;
wedi troi haf unwaith eto ar hynt,
heulwen i wrido ar lethrau wrth fachlud.

Sêr yn y glasddu, cymdeithion uwchben,
pell a dilafar, i'r gaer yn gwreichioni;
pan fyddo'r lleuad yn llawn ac yn wen,
amlwg pob murddyn yn wyn a du tani.

Caer anghyfanedd, anghysbell iawn fry,
mae ganddi gwmni ar diroedd y gwaelod;
pentwr o feini hen bobloedd a fu;
hen dai cyfanedd yn troi yn furddynod.

Dynion yn dyfod a dynion yn mynd,
cofion yn aros a pheidio am byth wedyn;
ambell un eto i gofio fel cynt,
cyn mynd i gwmni diyngan Carn Fadryn.

J. Glyn Davies, 1870-1953 (Rhagfyr 1940)

Ganwyd J. Glyn Davies yn Lerpwl. Yn 16 mlwydd oed cafodd ei brentisio gyda Cwmni y Brodyr Rathbone, ymadawodd â'r cwmni hwnnw yn 1892 i fynd yn rheolwr ar gwmni llongau Thomas Williams, hyd 1895. Nefoedd iddo ef oedd cael dianc o garchar y swyddfa a bwrlwm y ddinas, i Llŷn ar ei wyliau. Bu'n Seland Newydd am gyfnod fel ysgrifennydd i Gorfforaeth Mwyngloddio Seland Newydd. Ar ôl hynny dychwelodd yn ei ôl i Gymru lle bu'n un o'r rhai a fu'n gyfrifol am sefydlu Llyfrgell Gymraeg yng Ngholeg Aberystwyth, sylfaen i'r Llyfrgell Genedlaethol Cymru bresennol. Bu'n ddarlithydd ym Mhrifysgol Lerpwl a Chaergrawnt cyn troi yn ôl i Gymru. Yn 1941 gwnaeth ei gartref gyda'i frawd, Stanley Davies, ym Môn; yna aeth i Lanarth, Ceredigion, ac oddi yno i Lanfairfechan, lle bu farw yn 1953. Daeth yn adnabyddus yng Nghymru fel awdur Fflat Huw Puw, Cerddi Edern, a Cerddi Porthdinllaen.

Hynafiaethau

Damwain Angeuol

Bore ddydd Sadwrn, Mehefin 29ain, dyn ieuangc o'r enw Robert Evans, o gymydogaeth Llaniestyn, yn swydd Caernarfon, a adawodd ei gartref gyda bwriad o fyned i le a elwir Botacho, ym mhlwyf Nefyn, yn yr un ardal, i ymgyflogi fel gweinidog amaethyddol; ac wrth gychwyn allan cymerodd gi ei rieni i'w ganlyn. Ei dad, ar y pryd, oedd wedi myned oddicartref i yrru gwartheg i Loegr; a'i fam ni chymerodd ddim cyffro o weled ei mab heb ddychwelyd adref, gan farnu ei fod wedi ymgyflogi, ac wedi ymaflyd yn ei waith. Ond ddydd Llun, Gorphennaf 8fed, dychwelodd y ci adref yn wael iawn ei wedd, ac ymron yn rhy wan i sefyll ar ei draed. Eto ni chymerwyd hyn yn arwydd o ddim anffawd. Yr oeddid yn hysbys y byddai y dyn ieuangc yn arfer myned ar brydiau i'r mynydd a elwir Carn Madryn, i ddal cwningod. Felly y dydd canlynol i ddychweliad y ci, dygwyddodd i un o fechgyn y gymydogaeth fyned i fyny ochr ddwyreiniol y mynydd crybwylledig, sef y cwr a elwir yn gyffredin yn Garn Fach, ac wrth ddringo i fyny yr allt, daeth o hyd i hêt; ac wedi myned ychydig ymhellach canfu ryw ranau o ddillad dyn dan swp o gerig mawrion rhyddion. Y bachgen a hysbysodd hyn i'r cymydogion, ac yn fuan ymgasglodd nifer o bobl i'r fan, y rhai yn ebrwydd a ddechreuasant symud y cerig, ac yno y cawsant gorph dynol wedi llygru i raddau nid bychain, a gwybuwyd yn fuan mai corph Robert Evans ydoedd. Bernid iddo fyned i'r fan honno wrth geisio dal cwningod, ac i'r cerig syrthio arno a'i ladd. – Cynnaliwyd cwest ar y corph gerbron H.H. Hughes, Ysw., a dygwyd rheithfarn o 'farwolaeth ddamweiniol'.

(o'r *Gwladgarwr*, Awst 1839)

Cariwrs Garnfadryn

Un o'r rhai cyntaf i gario nwyddau i Garnfadryn oedd Mrs Ann Jones, Llethr y Bryn, a deithiai gyda throl a cheffyl bob cam i Gaernarfon tua 1880-90au. Yn cydoesi â hi roedd John Jones, Tanybwlch, oedd yn berchennog dau ful a throl. Arferai fynd i Bwllheli bob dydd Mercher a Sadwrn. Enwau'r ddau ful oedd Bute a Jinw.

Roedd gan William Evans, Llys y Gwynt – eglwyswr brwdfrydig a wisgai glos pen-glin gyda socasau a photymau arnynt – geffyl o'r enw Jim, a byddai Hugh Hughes, Ty'n Ffridd, oedd yn ddall, yn gwneud siwrneiau i Bwllheli gyda throl a dau ful.

Gyrrai Robert Roberts, Aber Bach – a adnabyddwyd yn lleol fel 'Robat y Go' – drol a cheffyl, a chariai deithwyr. Roedd yn rhyw fath o ddeintydd ac yn arfer tynnu dannedd. Roedd Rbt. Williams, Tyddyn Torth, a Rbt. Humphrey Williams, Tanygraig, y ddau ohonynt yn cario teithwyr, y cyntaf o'r ddau i Bwllheli, bob dydd Mercher a Sadwrn. Byddai Evan Jones, Ty'n Cae, gyda'i geffyl Spring, yn cario moch yn ei drol, a Robert Hughes, Tanygraig, gyda'i ddau geffyl Fellow a Dinamet, yn cario i Bwllheli. Roedd yr olaf o'r ddau yn cario glo o'r llongau a ddeuai i Borth Dinllaen, Abersoch a Phwllheli, i Garnfadryn. Un arall a busnes cario ganddo oedd Hugh Owen, Pantycelyn, Llaniestyn, saer maen wrth ei alwedigaeth.

(cyfieithiad o lyfryn *Coaches & Coachmen of Lleyn*,
gan Eddie Kenrick, Edern, tua 1950)

LLANIESTYN

Ieuan o Lŷn

Ganwyd John Henry Hughes ('Ieuan o Lŷn') mewn ffermdy bychan o'r enw Ty'n y Pwll, Llaniestyn, ar Hydref 11, 1814. Yno, wrth odre Garn Fadryn, 'yn sŵn toriadau'r don', y treuliodd ef ddyddiau ei febyd a bachgendod. Am Garn Fadryn meddai . . .

> Dringo wnes dy gopa creigiog
> Lawer canwaith yn fy oes;
> Tynu'th rug a thorri'th redyn,
> Heb un trallod du na loes.

Canmolai yn fynych hyd at ddiwedd ei oes y Rhagluniaeth dyner a fu'n gwylio drosto y pryd hynny . . .

> Pan wrth y ffrwd yn eistedd
> I wylio'r pysgod mân,
> Neu redeg draws y werdd-ddol,
> Yn uchel iawn fy nghân.

> Pan hwylus ddringwn ochrau
> Garnfadryn, bryn y bri,
> Er gweld y llongau'n nofio
> Ar wyneb glas y lli.

> Gwnai llygad craff y nefoedd
> Fy ngwylio bob rhyw gam,
> A'i llaw fy hoff amddiffyn,
> Fel tyner law fy mam.

Amaethwr mewn amgylchiadau cyffredin oedd ei dad, ac ni allai fforddio i'w blant ond ychydig fanteision addysg. Ond fe wnaeth John ddefnydd da o'r moddion prin oedd o fewn ei gyrraedd i ddiwyllio ei feddwl. Cerddodd llawer milltir maith er mwyn benthyca ambell lyfr neu o gael yr hyfrydwch o gael golwg dros rhyw gyhoeddiad crefyddol.

Amaethwr fynnai ei dad wneud ohono yntau hefyd, ond yr oedd yna un ar yr aelwyd a ddeallai yn well ogwydd meddwl y bachgen, sef ei fam, ac fe gafodd bob cymorth ganddi i baratoi ar gyfer ei uchelgais. Yn ddyfal cymhwysodd ei hun i ddod yn athro cynorthwyol i'r Parch. Arthur Jones, D.D., Bangor. Yn ystod ei arhosiad ym Mangor pregethai yma a thraw ar y Suliau. Yr adeg hynny daeth i gysylltiad â'r Parch. David Roberts D.D. ('Dewi Ogwen') a bu'r ddau yn gyfeillgar â'i gilydd hyd ddiwedd ei oes.

Ieuan o Lŷn

Drwy gynildeb, ac ymroddiad llafurus gyda'i efrydiau, gwnaeth gais ar gyfer ei dderbyn i Goleg Aberhonddu, ef oedd y myfyriwr cyntaf a dderbyniwyd yn yr athrofa newydd pryd hynny. Ar ôl cwblhau ei dymor yno, dechreuodd ar ei weinidogaeth yn Eglwys Glan'rafon, Llangollen, ar y Sul cyntaf yn 1843, pryd y bu iddo bregethu y bore a'r hwyr gyda'r Wesleaid, gan fod capel yr Annibynwyr yn cael ei ail-adeiladu ar y pryd. Ar Ebrill 6ed agorwyd y capel newydd, cafodd ei ordeinio yn weinidog yr eglwys yr un pryd. Costiodd y capel newydd y swm o £400 – bu i John Hughes ei hun, gasglu cymaint a £100 i glirio'r ddyled, wrth deithio yn Llundain ynghyd â mannau eraill.

Yn 1845 priododd gyda Miss Jane Jones o Langollen, chwaer i Thomas Jones, masnachwr yn Barbados, yn India'r Gorllewin. Ymhen dwy flynedd ar ôl hynny, ymgymerodd i ofalu ar Eglwys Cynulleidfaol Saesneg yn Demerara, British Guiana, oedd y pryd hynny o dan nawdd Cymdeithas Cenhadol Llundain. Ymdaflodd yn syth i'w waith gydag egni, lle bu'n ddiwyd, dedwydd a llwyddianus iawn ymysg cymysgfa o bobl, y mwyafrif ohonynt yn groenddu. Cyfansoddodd ddarlith ar 'India'r Gorllewin a'r hyn a welais yno', lle yr adroddir gryn lawer am olygfeydd, cynhyrchion a phobloedd y wlad. Gwnaeth gwyrddlesni yr Ynysoedd hynny argraff ryfeddol arno. Meddai, 'Nid oes mo'i fath dan haul-gylch Ewrob. Byth nis anghofiaf yr hyfrydwch a'r syndod a deimlwn am y waith gyntaf y syllwn ar rai o'r Ynsyoedd hyn: yr awyr las, ddigwmwl, y bryniau gwyrddion, y palmwydd uchelfrig yn moes-grymu gyda'r awel, gerddi trefnus y llafurwyr, a gwlattai (villas) prydferth y cyfoethogion'. Yr oedd ei lygad fel bardd yn fyw i'r prydferth. 'Mewn ogof yn Barbados, ar lan y môr, tyfai blodeuyn bychan llednais a elwir yn animal flower. Lliw teg yr aur sydd i'r bychan hwn; ac os estynwch eich bys fel pe i gyffwrdd ag ef, diflana yn sydyn i'r dwfr, fel creadur byw yn ofni cael ei oglais; ac yna, ymhen dau neu dri munud, lled-gyfyd ei ben o'r dwfr: "Mig, dyma fi"!'

Pan aeth John Hughes, 'merthyr Demerara', i Demerara yn 1847 cafodd yno gapel eang, Ysgol Sul yn rhifo oddeutu 250, a tua 300 o aelodau eglwysig. Pan adawodd oddiyno yr oedd yno dri capel, yn ddi-ddyled, tair ysgol ddyddiol, a rhwng 4 i 5 cant o gymunwyr. Yn ystod y blynyddoedd y bu ef yno, ni dderbyniodd yr un geiniog o gyflog gan y Gymdeithas ar ôl y tri mis cyntaf. Ond ar y flwyddyn olaf y bu yno, cyfranodd y ddwy gangen eglwys y swm o £700 at wahanol achosion da.

Bendithiwyd ei lafur yn fawr yn ystod y cyfnod a dreuliodd yn India'r Gorllewin, lle y wynebodd amgylchiadau dyrys megis: peryglon y llif-ddyfroedd, y môr, a'r fad felen. Ar ôl saith mlynedd daeth yn ei ôl i Brydain, a bu'n gweinidogaethu gyda'r Saeson yn West Hartlepool, Horsley-upon-Tyne, a Newent yn Sir Gaerloyw; ac yna Cefnmawr, Wrecsam. Oddeutu 1880 ymddeolodd o'r weinidogaeth ac ymunodd yn aelod gyda'r Annibynwyr yn Wrecsam.

Cyhoeddodd lawer iawn o farddoniaeth rhydd. Ef oedd awdwr *Blodeuyn Lleyn* (1845). Ceir ynddo gerddi fel: Cathl y Tymhorau, Deigryn yr Edifeiriol, Gofid Mam, Golud Gras, Gollwng Fi, Iesu yn Curo, Gwaed y Groes, a'i gerdd mwyaf poblogaidd i gyd, sef: Beth Sy'n Hardd? Dywedir yn y Rhagymadrodd i'r gyfrol honno, y bwriadwyd cysegru'r elw deilliedig o'r gwerthiant tuag at leihau dyled capel newydd yr Annibynwyr yn Llangollen. Cyhoeddodd hefyd gyfrol o'i bregethau yn Saesneg: *The Hand That Saves & Other Sermons* (1895). Yr oedd hefyd yn awdwr emynau a gyhoeddwyd yn llyfrau emynau yr Annibynwyr gan gynnwys: Wele wrth y drws yn curo, ac O! Iesu croeshoeliedig.

(o *Y Geninen*, Gŵyl Dewi, 1886)

Bu farw 'Ieuan o Lŷn' yn ei gartref yn Wrecsam, ac yno y claddwyd ef. Y mae'r geiriau canlynol wedi eu torri ar ei fedd:

In Loving Memory of the Rev. J. H. Hughes (Ieuan o Leyn), who fell asleep in Jesus, March 7th, 1893, aged 78 years. 'I have fought a good fight, I have finished my course, I have kept the faith'.

Cofio'r pethau gynt

Cofio'r wyf y pentref tawel,
Lle y treuliais fore'm dydd,
Heb un tristwch yn fy mynwes,
Heb un deigryn ar fy ngrudd;
Dedwydd oeddwn y pryd hyn,
Fel yr oenig ar y bryn.

Cofio'r goeden onen ddeiliog
A'm cysgododd lawer awr,
Pan yn chwareu wrth ei boncyff
Gyda rhyw ddifyrwch mawr:
Dedwydd oeddwn ar y pryd,
Y dedwyddaf yn y byd.

Cofio gwrandaw yr ehedydd
Yn telori yn y nen,
A'r fwyalchen yn ei watwar
Rhwng cangenau'r deiliog bren;
Dedwydd oeddwn, a thra llon,
Heb un gofid dan fy mron.

Cofio yr afonig fechan
Dreiglai'n araf drwy y waen;
Finnau'n gwrando arni'n sisial
Wrth ymdreiglo yn y blaen;
Dedwydd oeddwn, heb un loes
Yn cymylu boreu'r oes.

Cofio hoff berth'nasau tyner,
Rhai a'm carent oll yn gu;
Haul eu gwên a wnai wasgaru
Yn y fan bob cwmwl du;
Dedwydd oeddwn, heb ddim braw,
Pan gafaelent yn fy llaw.

Fe wna cofio boreu'r bywyd
Roi diddanwch mawr i mi;
Dwyn i'm meddwl hen gysuron
Gynt a gefais, mwy na rhi',
Dedwydd yn yr adgof yw
Hen fendithion grasol Duw.

('Ieuan o Lŷn', *Y Diwygiwr*, Mehefin 1872)

DINAS

Hynafiaethau

Dydd Llun, y 22ain o Orffennaf, 1850, gadawodd gwraig Thomas Williams, labrwr, Groeslon, Dinas, plwyf Llaniestyn, ei baban bychan tri ms oed yn y tŷ tra elai i ffermdy cyfagos i ymofyn llaeth. Ar ei dychweliad, cafodd fod mochyn wedi myned i mewn i'r tŷ, ac anafu y plentyn yn y fath fodd nes yr oedd yn hollol farw. Yr oedd wedi bwyta ei law a'i arddwn, bron at ei benelin, ac wedi torri y cnawd ymaith oddiamgylch ei wddf, a rhanau eraill o'i gorff. Ar y trengholiad dychwelwyd y rheithfarn o 'farwolaeth ddamweiniol'.

(o Y Cyfaill o'r Hen Wlad, America, Medi 1850)

Dyfed. M.H.

O DDYDD i ddydd, o awr i awr.
'Rwy'n nesu i'r tragwyddoldyd mawr;
Ac yno byddaf yn ll'o hir –
O! am gael ei fleddu'r gwir!

O fryn i fryn, o hant i hant,
Llwn ydyw llwybr blin y plant!
Duw diwedd ar eu llinded llawn –
O! am gael gorllwys tawel iawn!

Y Drysorfa, Mawrth 1922

Richard Thomas, A.T.S.C,. Talavon, Dinas, Llŷn. Yr oedd yn fab i Capten John Thomas, o'r Llong 'Laura Ellen', a gollodd ei fywyd oddiar Abergwaun, Ionawr 5, 1867, yn 40 mlwydd oed; ac Ann Thomas, a fu farw Ionawr 1922 yn 86 mlwydd oed. Yr oedd Richard Thomas yn gerddor, bardd ac yn llenor. Bu farw Mehefin 18, 1941 yn 78 mlwydd oed. Claddwyd ef a'i deulu ym Mynwent Capel Dinas M.C.

Urdd Gobaith Cymru, Adran Dinas, Llŷn

Trysorfa y Plant, *1926*

Hen Gapel Rhosddu

Dros hanner canrif yn ôl, safai ysgoldy bychan yn Rhosddu, a adeiladwyd gan un Griffith Hughes, Nant Bach, fferm ger Llaniestyn. Defnydd y capel oedd coed a sinc. Credir y bu Ysgol Sul cyn adeiladu y capel bach mewn tŷ gwag yn Pen Rhos, ac hefyd ym Mhen-y-bryn, Rhosddu. Pwrpas y capel bach oedd i'r plant bach na allai fynychu yr Ysgol Sul yng Nghapel M.C. Dinas. Gelwid y capel bach yn Pen Mell, dywedir na enw hwn wag arno oedd. Cynhelir Ysgol Sul yn Pen Mell am ddau, hefyd gwasanaeth gweddi am bump ar Nos Lun Diolchgarwch am y Cynhaeaf. Yna cerdded i lawr i Gapel Dinas yr un drefn hardd erbyn y moddion hanner awr wedi chwech. Bu amryw o Gyfarfodydd Gweddi yn cael eu cynnal yn y capel bach yn adeg Diwygiad

Evan Roberts. Ond yn fuan bu rhaid rhoi gorau i'r moddion, gan fod y capel yn dechrau adfeilio. Bu amryw eisiau codi adeilad cerrig, ond teimlai Capel Dinas, y buasai hynny yn gwneud niwed i'r achos yno.

(o'r *Herald Cymraeg*, Chwefror 1960)

MADRYN

Nant y Gledrydd

O drugaredd, nid gwastatir ydyw'r byd. Amrywiaeth a'i gwna yn lle rhamantus, gyda'i fryn a'i ddyffryn, ei fôr a'i afon, ei gwmwl a'i haul, ei goed a'i ffyrdd ceimion.

> Ni char Duw unffurfiaeth
> Yn y byd na'r nef;
> Gwyrthiol yw'r amrywiaeth dibaid
> A gynhyrchodd Ef.
>
> Ac am hyn ceir miwsig
> Drwy'r ehangder maith;
> Angel ac aderyn ydynt
> Ran o'r ddwyfol iaith.

Ond am rai nentydd heirdd y bwriadwn i sôn, a chaiff y darllenydd chwanegu at y rhestr yn ôl ei brofiad o'r de a'r gogledd.

Nant y Garth, rhwng Rhuthun a 'Recsam, dyna un. Ymdroella am filltiroedd, a choed o'i deutu. Nant Gwytheyrn, dyna un arall, gyda'i chof am ryw 'Eluned Bengoch' a brefu toddedig y geifr o'i chlogwyni enbyd. Nant Nanhoron yw'r llall, lle bu Howel Harris yn crwydro i bregethu oddeutu 200 o flynyddoedd yn ôl. A bwtsias y gog cyn diwedd pob Gwanwyn, fel pe byddai darn o'r awyr las wedi disgyn arno! A phur ddiddorol ydyw gweld enw 'Inker man' tua'r bont, nes i dristwch 1854 ddychwelyd i dawelwch 1952. Nant Peris, dyna un arall, a ffrydiau Yr Wyddfa yn disgyn yn wynion dros ei chreigiau duon. A yw'r pysgodyn hwnnw o hyd yn y ffynnon ger y Llan? Nant Bwlch yr Heirn, ar yr ucheldir yn ymyl Llanrwst, dyna un arall. Nodwyddau'r coed pin, pan rewant a'r gwynt yn eu cyffwrdd, yn swnio'n debyg i dincial miloedd o fân glychau.

Eithr am Nant y Gledrydd y bwriadwn i sôn, a'r amrywiol seiniau a glywswn i yno o bryd i bryd.

Cynnig wnaethom ein calonnau
I'r ardderchog Grist,
Ond heb roddi iddo'n dwylo,
Lygad, troed, na chlust.

Megis crwth i fedrus grythor,
Iddo rhown bob dawn;
Yna rhyw ogoniant newydd
I'n profiadau gawn.

Daw y nefoedd bell i'n hymyl
Ar yr allt a'r maes;
Hwyl geir wedyn wrth weld lleuad
Rhwng cymylau llaes.

Un prynhawn o Orffennaf, a hithau yn desog ac yn dawel ym mhobman, clywais filoedd o wybed ac o wenyn yn suol ymweu rhwng coed y Nant. Yr oedd y tebycaf peth i gerddorfa anweledig, a phob eitem ohoni gyda'i gywair a'i gyfraniad ei hun. Bryd arall, a chanol Awst, oedd hi, ymlechwn rhag cawod drom o law taranau. Nid y fflachiad pell, na'r dwndwr wedyn, a ddenai fy sylw. O nage, ond sŵn y dafnau trymion ar y dail o'm cwmpas. Tylwyth Teg yn dawnsio mewn esgidiau o arian! Un tro, yn niwedd Mawrth a dechrau Ebrill, a'r cloddiau a godre'r coed yn glystyrau o friallu sefais i wrando ar y colomenod gwylltion yn galw ar ei gilydd. Mor wahanol ydoedd i glochdar y ffesant yn y cynnar ddydd, neu i gri'r ddylluan yn nhrymder nos. Yn yr Hydref, a lliwiau harddach na'r enfys ar bob fforest, cefais brofiad arall diangof. Clywid y distawrwydd, os caf arfer y paradocs. A dyma sŵn, a hwnnw yn un tebyg i ryw ergyd felfetaidd a glybuaswn i rywbryd ar y Lôn Goed, yn Eifionydd. Mesen yn syrthio oddiar dderwen! Modd bynnag oddeutu pythefnos yn ôl clywais sŵn dieithrach, a hwnnw yn treiddio i bobman trwy'r Nant. Un o'r coedwigwyr gyda'i fwyell, yn taro, taro, taro. Ni welwn i mohono ef, dim ond mwg glaswyn yn codi draw.

Dyna rai o'r seiniau a glybum yn Nant y Gledrydd; ac er i'm poced yn fynych fod yn wag, ni newidiwn i ar y munudau sanctaidd gyda'r un miliwnydd na gwleidydd.

Ni cheir golud ym Mharadwys,
Heb ei ennill yn y byd;
Ac i'r enaid a gysegrwyd
Agos iawn yw Duw o hyd;
Byw'n ddiwastraff,
Dyna ydyw crefydd iawn.

Parchedig Tom Nefyn Williams 1895-1958
(o'r *Herald Cymraeg*, Rhagfyr 25, 1952)

Ar lawr yr Efail bu Ysgol Sul, a phregeth a bedydd

Erbyn heddiw, rhyw astell hwylus i ddal y can paraffin yw'r hen bentan hwn yn Efail y Gledrydd. Darfu'r tân a'r trin haearn arno er pum mlynedd – a daeth ei ddefnyddioldeb fel pulpud i ben amser hanner can mlynedd yn ôl.

Yn yr efail hon, un o'r rhai mwyaf adnabyddus yn Llŷn, cychwynnwyd Ysgol Sul lewyrchus ym mlwyddyn y Diwygiad yn 1904. Nid oedd capel yn y gymdogaeth a cherddai'r bobloedd deithiau hir i wahanol addoldai – i'r Nant, Garn Fadryn, Dinas, Rhydyclafdy, Boduan a Cheidio.

Un o amaethwyr y cylch – Mr Hugh Jones, Mochras – a gafodd y syniad o gynnal Ysgol Sul yn yr efail.

Meddai Mr Richard Jones, Y Gledrydd, sy'n 67 oed: 'Daeth acw i weld fy nhad ar fore Gwener. Ar ôl te yr oeddem yn dechrau ar y gwaith o lanhau'r efail a buom wrthi wedyn drwy ddydd Sadwrn. Cafwyd deunydd meinciau, a'u gwneud ar fyrder, o 'Stad Madryn a phan agorodd yr ysgol brynhawn Sul yr oedd yma 38 ohonom wedi ymgynnull.'

Toc cafwyd Cyfarfod Gweddi bob nos Sul yn yr efail, hefyd, a Chyfarfod Gweddi neu bregeth bob nos Wener. Byddai'r efail yn llawn bob amser yn ystod y gwasanaethau hyn, meddai Mr Jones, a cheid oedfaon ag arddeliad arnynt.

Fe gofia am hen fachgen a fuasai'n 'ddigon an'sbarthus' unwaith yn wlyb ei ruddiau yn eistedd ar yr eingion, a gwelodd amaethwr yn wylo fel plentyn wrth weld symud y meinciau allan ar fore Llun. Fe fedyddiwyd dwy eneth yno hefyd gan y diweddar Barch. John Hughes, Edern; mae'r naill yn byw yn awr yn y Pistyll a'r llall ym Mangor.

Ar y cychwyn, meddai Mr Jones, gorchuddid y pentanau a'r eingionau rhag i bobl faeddu eu dillad â hen bapurau newydd ond pan ddaliwyd un hen frawd yn darllen tra roedd rhywun yn gweddïo fe wnaed i ffwrdd â'r papurau a phrynwyd darnau o sachliain!

Efail Gledrydd, Madryn

Parhaodd y gwasanaethau yn y Gledrydd hyd 1907 pan symudodd y gynulleidfa i gapel newydd a adeiladasant yn y fro – capel y Greigwen, y mae'r Parch. Tom Nefyn Williams yn weinidog arno heddiw.

Nid y cysylltiadau crefyddol yn unig, fodd bynnag, a rydd arbenigrwydd i Efail y Gledrydd, prin y magodd yr un aelwyd fwy o ofaint ychwaith.

Daeth y diweddar Mr Thomas Jones yno'n ôl o Ddeiniolen a phrentisiodd bob un o'i chwe mab yn of. Dau ohonynt sy'n fyw heddiw, George Sennar Jones, sy'n byw yn Abersoch, ac a fu yn Efail y Fantol, Rhoshirwaun am flynyddoedd; a Richard Jones, Y Gledrydd.

Y meibion eraill oedd George Jones a oedd yn of yn Chwilog; William Jones a laddwyd yn chwarel Carreg y Llam, Llithfaen; Thomas Jones a oedd yn of yn Nhudweiliog; a John Jones a fu farw yn 24 oed mewn glofa yn y De.

A daeth eu meibion hwythau drachefn yn ofaint. Heddiw mae un mab i Joseph Jones yn of yn Lerpwl, un arall yn of ym Motwnnog mae mab i William Jones yn of ym Mhwllheli; mab i Thomas Jones yw gof Tudweiliog, a chyn iddo golli ei iechyd, gof hefyd oedd mab Richard Jones, y Gledrydd.

(o'r *Cymro*, 1956)

163

LLANDUDWEN

Eglwys Santes Tudwen, Llandudwen

Cafodd Eglwys Llandudwen ei sefydlu tua chanol y bumed ganrif. Adeiladwyd ar fedd Santes Tudwen oedd wedi dianc rhag erledigaeth ac anfri. Ymsefydlodd yn y fan dawel ac unig hon, a bu'n gyfrwng i ddychwelyd trigolion yr ardal at Dduw. Merch ydoedd Tudwen i Brychan o Garth Madryn, chwaer i Nefyn, a modryb chwaer ei fam i Lywarch Hen. Roedd ei chwaer, Meleri, yn nain i Dewi Sant – Nawdd Sant Cymru.

Y mae pensaernïaeth yr eglwys ar ffurf llythyren T ond yn wreiddiol ar lun croes, ond gadawyd i un gangell ohoni ddadfeilio ac ni aed ati i'w hatgyweirio. Y rhan hynaf o'r eglwys yw y fraich dde a ddefnyddiwyd pan oedd gweddill o'r adeilad mewn adfeilion.

Ymysg y rhai a gladdwyd o dan y llawr, oddi mewn i'r eglwys y mae Meredydd o Nyffryn, brawd i'r Esgob Rhisiart Fychan, a fu'n cynorthwyo yr Esgob William Morgan i gyfieithu'r Beibl i'r Gymraeg.

Mewn cae ar ochr ddeheuol i iard yr eglwys, ger Ffynnon Santes Tudwen, bu yna bentref o dai to gwellt ganrifoedd yn ôl. Tua 1771 aeth y lle ar dân a llosgwyd llyfrau cofnodion priodasau bedyddiadau a marwolaethau oedd yn perthyn i'r eglwys yn y trachwant, gyda'r canlyniad nad oes cofrestriad o'r plwyf hwnnw cyn y flwyddyn 1771 mewn bodolaeth.

Gerllaw y fynwent oedd Ffynnon Santes Tudwen, a ddefnyddiwyd ar gyfer bedyddio yn unig, erbyn heddiw mae wedi sychu. Wrth giât yn fynedfa y mae yna garreg fawr yn y mur y dywedir iddi gael ei defnyddio gan y Derwyddon gynt fel 'carreg tystiolaeth', lle y byddai holl ddadleuon y pentref yn cael eu penderfynu arni. Yn ôl traddodiad, dywedir pe byddai rhywun yn symud y garreg honno o'i safle y buasai yn cael ei ddienyddio. Yn ddiweddarach, defnyddiwyd y garreg fel maen esgyn i'r rhai a arferai ddod i'r eglwys ar gefn ceffyl. Yn gerfiedig arni mae'r geiriau: CAREG FARCH.

'Hyd y flwyddyn 1907, clawdd pridd llawn bylchau oedd oddi amgylch y fynwent, a mynych y buasai anifeiliaid y maes yn troseddu, ac yn dyfod i fewn i blith y beddau. Hefyd, nid oedd ond llwybr cul o adwy y fynwent

Eglwys Santes Tudwen, Llandudwen

i'r ffordd fawr, ac yr oedd y ffordd ei hun mewn cyflwr truenus, yn llaid ac yn domenau o Gefn Madryn i lawr i'r eglwys, fel mai gydag anhawsdra y gallesid ci theithio, yn enwedig yn y Gaeaf, ond yn ddiweddar, y mae mur cerrig ardderchog wedi cael ei godi gylch ogylch y fynwent, a dau fur newydd cyffelyb bob ochr i'r fynedfa hyd y ffordd, a rhodfa yn y canol gyda choed amryliw, fel y gellir ei chyfrif yn un o'r rhai harddaf; ac ar yr un pryd adgyweiriwyd hen gorff-gell y marw ym mhorth y fynwent, yr hon oedd wedi syrthio i adfeilion ers llawer dydd, a bron myned i abergofiant.'

(o *Hanes Eglwysi a Phlwyfi Lleyn* gan y Parch. J. Daniel, 1910)

Heb fod ymhell i ffwrdd y mae ffermdy Olwen, oedd yn ôl chwedloniaeth Cymraeg yn briod â thywysog Cymreig. Y mae'r chwedl yn dweud y tyfai pedair meillionen wen yn ôl ei throed pa le bynnag yr elai, ac yn ôl pob tebyg, mai oherwydd y rheswm hwnnw y galwyd y fferm gyfagos yn Meillionen.

Y mae'n perthyn i'r eglwys drysor pwysig – Cwpan Cymun Arian, sydd yn dyddio 1500. Nid oes ond un arall o'i math yng Nghymru ar gael – yn Llaneilian, ger Bae Colwyn.

CEIDIO

Eglwys Sant Ceidio

Saif yr eglwys ar fryn bychan lle y ceir golygfa wych ar ddiwrnod clir am filltiroedd i'r pedwar cyfeiriad. Daw sawl man amlycaf Llŷn i'r golwg, megis Bae Nefyn a Phorth Dinllaen, ac o'r tu cefn Garn Boduan, Bro'r Eifl a Garn Fadryn.

> Yma'n nodded, y mynyddau – godant
> Yn gedyrn amgaerau,
> Hafal i gylch fel i gau
> Hen Lŷn a'i hannwyl lannau.

Mae'r eglwys wedi ei henwi ar ôl Sant Ceidio, mab i Ynyr Gwnt, a'i fam oedd Madryn, merch Gwrthefyr Fendigaid, a roddodd ei henw i Garn Fadryn a Madryn. Bu yna gerflun mewn marmor gwyn ym Mhlas Madryn gynt, o Madryn gyda'i baban o'r enw 'Ceidio Bach' yn ei breichiau. Roedd Ceidio yn frawd i Non, mam Dewi Sant, ac yn berthynas agos i Santes Tudwen, a oedd yn chwaer i Meleri, nain Dewi Sant. Codwyd yr eglwys yn y rhan olaf o'r bumed ganrif, ac felly mae'n un o'r eglwysi hynaf yn Llŷn.

Am ganrifoedd lawer yr oedd mynwent Eglwys Ceidio ar ffurf gron. Credir mai yr un ffurf oedd yr eglwys hefyd yn ei dechreuad sef trefn y cyfnod cynnar. Y tebyg yw bod lleoliad y fynwent rhyw oes wedi bod yn fangre gysegredig i Dderwyddon. Roedd cyfreithiau Hywel Dda yn gorchymyn am wneud pob mynwent yn gylch i'r eglwys, a hynny oherwydd hen gysegredigrwydd y cynllun, gan bod temlau y Derwyddon gynt bob amser yn grynion.

Yn y fynwent hon y claddwyd y llenor a'r bardd talentog 'Twm Pedrog' (1774-1714), cyfansoddwr cywyddau, awdlau ac englynion. Un ohonynt oedd yr un a wnaeth ar y testun 'Iesu'.

> Credaf, dianaf dy eni – o Fair
> Y Forwyn Ddiwegi;
> Daeth Maban Glân Goleuni,
> A Duw'r nef i'n daear ni.

Eglwys Sant Ceidio

Tu cefn i Fwrdd yr Arglwydd, ar lechen yn y mur, oddi mewn i'r eglwys, y mae yn ysgrifenedig . . .

1 Cor. xi 28   1744
Holed dyn ef ei hun, ac felly bwytaed o'r bara, ac yfed o'r cwpan.
Rhodd Mrs Elinor Parry o Peniarth.

Cyfeiria y rhodd at lestri cymun a roddwyd gan Mrs Parry, a hynny yn 1744. Heb fod ymhell oddi wrth y llechen, ar yr ochr ddeheuol i Fwrdd yr Arglwydd, ceir daliadyr cerflun o Sant Ceidio – diddymwyd y cerflun yn nheyrnasiad Harri yr wythfed. Ond y peth hynotaf a berthyn i'r eglwys yw y bedyddfaen hirgrwn, sydd yn un o'r rhai hynaf, os nad yr hynaf yng Nghymru, ac sydd yn deillio o'r oesoedd cyntefig yn dystiolaeth o'r hen drefn o drochi y babanod, fel y dengys ei ffurf yn ddigon amlwg.

Yn 1897 gwnaed atgyweiriadau i'r eglwys drwy haelioni Mrs Williams Jones-Parry, Plas Madryn. Ailadeiladwyd y ffenestri, a rhoddwyd gwydrau newydd ynddynt; helaethwyd y drws yn y pen gorllewinol, a rhoddwyd dôr ddwbl arno; ailadeiladwyd ac aildrefnwyd y gloch-gell; tynnwyd yr hen gloch adfeiliedig i lawr, gyda'r dyddiad 1608 yn argraffiedig arni; anfonwyd hi i ffwrdd i Lynlleifiad, toddwyd hi yn y ffwrnais, ychwanegwyd ati, a gwnaed dwy gloch ohoni, gosodwyd hwy i fyny yn eu lle; helaethwyd y ffenestr ddwyreiniol, a rhoddwyd darlun o'r Croeshoeliad mewn gwydr trylyw ynddi; adnewyddwyd y muriau. Y tu cefn i'r ddarllenfa, mewn clawr efydd tlws ceir y geiriau:

Sarah E.M. Williams Jones-Parry, of Madryn Castle,
restored this church In Memory of her beloved brother,
Sir T. Love D. Jones-Parry, XVth Sep., 1897.

Bu farw y foneddiges cyn gorffen y cyfan o'r atgyweirio a syrthiodd y gwaith a'r gost ar reithor y plwyf, sef y Parch. J. Daniel, yr hwn a aildrefnodd ac ailosododd ddodrefn yr eglwys y tu fewn, ac a dalodd y cwbl am adeiladu y muriau oddi amgylch y rhan newydd o'r fynwent, y mur a'r llidiardau haearn yn y fynedfa i'r cyntedd, yn ogystal ag am y gorff-gell yn y porth sy'n arwain i'r eglwys, heb sôn am yr hyn a dalodd yn ddiweddarach am atgyweirio tŷ yr eglwys, oedd at ei wasanaeth. Aeth yr atgyweirio ymlaen am ddwy flynedd, hyd 1899 pan ailagorwyd yr eglwys, ac y cysegrwyd y rhan newydd o'r fynwent.

MORFA NEFYN

Hen Brocer Bach Gloyw fy Nain

Mor felys atgofion y dyddiau
Cyn teimlo na gofid na cham,
Pan oeddwn ger Nefyn yn blentyn
Cysurus ar aelwyd fy mam;
Pan oeddwn yn fachgen penfelyn
A dwy foch goch iachus a chain,
Mor hoyw a llawer y byddwn
Yn rhedeg i fwthyn fy nain.

'Rôl cyrraedd y bwthyn gwyngalchog
Cyfarchwn y teulu yn hy;
Ac yna awn ati i chwilio
A chwalu holl ddodrefn y tŷ;
Peth pennaf a ddenai fy sylw
A'r harddaf o'r cwbl o'r rhain
A'r gorau i chwarae fy nghampau
Oedd procer bach gloyw fy nain.

Dwy flynedd a'r bymtheg a deugain
Bu'r procer yn loyw a glân,
Yn sefyll fel milwr dewr-galon
Yn ffyddlon wrth ochor y tân;
Mae nain heddiw'n gorwedd yn dawel,
A'r procer sy'n fychan a main,
Gan Gruffudd i gofio amdani –
Sef procer bach gloyw fy nain.

Tra byddaf fi byw ar y ddaear,
Cei di, yr hen brocer, dy ran,
Os collais fy llong a fy eiddo
Mi'th ddygais di'n ddiogel i'r lan;
Ffyddlondeb sy'n ddrych ar dy wyneb,
A miwsig nefolaidd yw'th sain,
Ple bynnag y byddaf boed dithau,
Hen brocer bach gloyw fy nain.

Mae'r procer yn y Morfa

SYR. Ni welais ymholiad J.R. Morris, Bethel, ynglŷn â 'Hen brocer bach gloyw fy nain', ond daliwyd fy sylw gan lythyr Megan Mai, Gwalchmai, mewn atebiad iddo.

Fy nhad oedd y Capten Griffith Jones, Langdale, Pwllheli. Yn ôl yr hanes sydd gennyf, hen nain fy nhad, yn Nefyn, oedd perchennog yr hen brocer a gofnodir yn y gân.

Ymhen amser daeth y procer i feddiant fy nhad, a bu yn ei gartref yn Langdale, Pwllheli, fel y dywedodd Megan Mai, am bum mlynedd a deugain.

Ar ôl i'r tad farw yn 1949 aeth mam i fyw efo fy chwaer yn Lerpwl, ac aeth a'r procer efo hi. Bu farw mam yn 1960, ac yna daeth y procer yn eiddo i mi. Mae gennyf yn awr, ynghyd â'r hanes a'r gân, ym Morfa Nefyn.

Felly, mae yr hen brocer bach yn ôl yn ardal Nefyn wedi bod oddi yno am dros hanner can mlynedd.

Capten J. Griffith Jones, Afallon, Morfa Nefyn
(o'r *Herald Cymraeg*, Chwefror 1967)

Capten William Parry, Waen

Waen, Morfa Nefyn, heddiw

Roedd yn fab i William a Jane Parry, Terfyn, Morfa Nefyn, lle ganwyd ef, yn 1835. Gwnaeth ddefnydd rhesymol o'i fanteision addysg yng nghyfnod ei ieuenctid, ac fel nifer o fechgyn ei gylch, dilyn galwedigaeth fel morwr aeth â'i fryd. Daeth i amlygrwydd fel awdur llu o awdlau, englynion a chywyddau. Ymddangosodd ei waith barddonol a llenyddol mewn nifer o gylchgronau ei gyfnod gan gynnwys Y Greal (Llangollen), ambell dro o dan y llysenw 'Sarpedon', sef enw un o'r cymeriadau ym mrwydr chwedlonol lle a elwir Caerdroia. Nid argraffwyd fawr ddim o'i waith, ond roedd yna lawer o'i gyfansoddiadau mewn llawysgrifen ym meddiant y teulu ar ei ôl ef.

Yn ôl Myrddin Fardd yr oedd awdl Wm. Parry i'r Capten Morris Jones, Schooner '*Maria Jane*', Nefyn ar yr achlysur iddi gael ei gyrru i'r lan, mewn storm fythgofiadwy ar Ionawr 11, 1866 yn un rhagorol iawn, yn gywrain a barddonol, yn cynnwys toraeth o ddelweddau rhamantus y môr, a'r cwbl wedi eu saernïo mewn dull aruchel, deallus a threfnus. Ymysg rhai o'i gywyddau oedd un er coffadwriaeth am y Capten Thomas Williams, Penrhos, Morfa Nefyn, a fu farw Mai 17, 1867 yn 55 oed; ac un i'r 'Cysgwr mewn Addoliad'.

Ar ôl treulio oes hynod o lafurus bu farw Ionawr 2, 1876. Claddwyd ef ym Mynwent Gyhoeddus Nefyn, lle ceir cistfaen a'r geiriau canlynol arni:

Er Coffadwriaeth am
Captn. William Parry (Sarpedon)
Waen, Morfa Nefyn. Yr hwn a fu farw
Ionawr 2, 1876, yn 41 mlwydd oed.

PORTH DINLLAEN

Tramwyfa Newydd rhwng Llundain a Dublin, mewn deuddeg awr

Bwriedir cael tramwyfa newydd rhwng Llundain a Dublin, gydag agerddlongau o Kingston i Borth-yn-Lleyn, Sir Gaernarfon, a chyda agerddgerbydau oddiyno ar hyd cledrffordd trwy Gaerwrangon, Rhydychain, &c i Lundain. Dywedir nad yw y pellder o Lundain i Ddublin ar hyd y ffordd uchod ond 220 o filldiroedd, llai o 40 milldir nag yw ar hyd ffordd Caergybi, nadyw y fordaith o Ddublin i Borth-yn-Lleyn ond 64 milldir, yn nghylch yr un faint ag sydd o Ddublin i Gaergybi, ond y gellir mordwyo y flaenaf yn gynt o awr, am fod yr agerddlongau yn ymddibynu ar faintioli a nerth y llestr, a bod Porth-yn-Lleyn yn alluog i dderbyn y llestri mwyaf, yr hyn na all Caergybi ei wneud. Trwy gyfrwng y ffordd hon gellir tramwy o Lundain i Ddublin mewn deuddeg awr, yn gynt o 24 awr nag y gellir ar y dramwyfa bresennol. Bwriedir hefyd gael tramwyfa gledrffordd rhwng Llynlleifiad a Phorth-yn-Lleyn, pellder o 90 o filldiroedd, galluog i'w teithio mewn tair awr. Felly gellir myned o Lynlleifiad i Ddublin mewn wyth awr, yn lle mewn un awr a'r bymtheg. Bwriedir hefyd fyned o Lynlleifiad i Belfast ar hyd y dramwyfa hon mewn un awr a'r ddeg, yn gynt nag ar hyd y dramwyfa bresennol o dair awr a'r ddeg. Dywedir y gellir myned ar hyd y dramwyfa hon o Manchester i Dublin mewn 10 awr, o Sheffield a Leeds i Ddublin mewn deuddeg awr, ac o Newcastle i Ddublin mewn pymtheg awr. Bernir y bydd y dramwyfa yn sicr o gymeryd lle, fod natur yr undeb rhwng Lloegr a'r Iwerddon yn galw amdani, ac y bydd pob plaid yn y Senedd yn bleidiol iddi am y gwna les mawr.

(o'r *Dysgedydd*, Chwefror 1836)

Dydd Llun, Mawrth 21 (1836), cafodd dirprwyaeth lluosog, gynnwysedig o aelodau seneddol, marsiandwyr ac arianwyr Llundain, ymweliad a Changellydd y Trysorlys, i'r diben o gael gwybod golygiadau y llywodraeth o barthed i'r cynllyn pwysig hwn (sef y dramwyfa newydd). Dywedodd Mr

O'Connell mai amcan y dirprwywyr oedd galw sylw y llywodraeth at y cynllyn a gynnigir o gael cledr-ffordd rhwng Porth-yn-Lleyn a Llundain, trwy yr hon y tybir y gellir cael tramwyfa rhwng Llundain a Dublin mewn deuddeg awr. Efe a grybwyllodd am ragoriaethau naturiol sy'n perthyn i Borth-yn-Lleyn ar Gaergybi, fel lle cymhwys i dderbyn yr agerddlongau mwyaf. Dywedodd y gellid trosglwyddo llythyrau ar hyd y ffordd hon yn gynt o ugain awr i ddeheudir yr Iwerddon nag y gweir yn bresennol gyda'r agerddlongau o Milford i Dunmor. Sylwodd wedi hynny, y gellid trwy hebgor agerddlongau Milford, a phethau ereill, arbed can mil o bunnau yn y flwyddyn o gyllidau y llythyrdy, &c.

Dilynwyd Mr O'Connell gan y Meistri Shaw a Lefroy, y rhai a annogasant yn ddifrifol i gael tramwyfa esmwyth a chyflym rhwng Llundain a Dublin – fod pob plaid yn unfrydig yn y mater hwn. Dywedodd Mr Spring Rice, yn mhlith pethau eraill, mai ei farn ef oedd fod rhwystrau dirfawr i wneuthur cledrffordd trwy Gymru ond os bernid, ar ôl gwneud ymchwiliad, ei bod yn ddichonadwy cael tramwyfa rhwng Llundain a Dublin mewn 12, 14 neu 15 awr y byddai hyny yn wrthddrych gwladol o'r pwys mwyaf; ac wrth ystyried y lles a ddeuai oddiwrthi i'r ddwy wlad, ei fod ef yn ystyried y gellid – gyda phriodoldeb mawr – alw am gynorthwy y llywodraeth i ddwyn y gorchwyl yn mlaen, ac na byddai swm mor fawr a £2,000,000 gael ei ystyried yn ormod i'w roddi. Wedi hynny efe a ddymunodd am gael ei gynysgaeddu ag amcanbris y dramwyfa a'r porthladd, yn nghyda chyfrif cywir o'r amser a ennillir yn y dramwyfa hon ar y tramwyfaoedd ereill trwy Lynlleifiad a Chaerodor. Dywedodd O'Connell fod diprwyr yn chwilio i mewn i'r mater bob dydd, a'r funud y gwnaent eu haddroddiad y cai yr amlygiad gofyngedig ei osod o'i flaen.

(o'r *Dysgedydd*, Mai 1836)

Portin-llaen

Yn sŵn y blociau'n rhygnu
Dan bwys sawl gewyn tyn,
A'r llanw'n llifo'n ddiog
Ces lawer breuddwyd gwyn;
A hiraeth ddôi i'm llygaid
Wrth weld pob hwyl ar daen
Am fod y llanc o forwr
Ar longau Portin-llaen.

Hiraeth am godi angor
A minnau ar y bwrdd,
Ffarwelio a'r Bwlch a'r Henborth,
A hwylio 'mhell i ffwrdd

Bae Porth Dinllaen

I froydd y trofannau,
A'r tes sy'n rhywle 'mlaen,
A darn o'r cread rhyngof
A thywod Portin-llaen.

Ac oedi lle tyf y palmwydd
Yn wylaidd ger y dŵr,
Heb ddim ond grwn y lasdon
I darfu'r hedd di-stŵr;
A hwylio rhwng penrhynnau
O gwrel gwyn di-staen,
Tlysach na'r creigiau llwydion
Ar benrhyn Portin-llaen.

Neithiwr, a'r blociau'n rhygnu
Dan bwys sawl gewyn tyn,
Ymhell o'r Bwlch a'r Henborth,
Daeth eilwaith freuddwyd gwyn
A hiraeth lond fy llygaid
Wrth weld pob hwyl ar daen,
Am ollwng angor eto
Ar dywod Portin-llaen.

W.R. Owen, 1903-55, Edern

Atgofion am Borthdinllaen (fferm)

Un o'm hatgofion cyntaf yw amdanaf fy hun yn myned gyda rhyw 30 o blant ysgol i gael cinio ar Weirglodd Fawr, Porth Dinllaen. Caem y wledd yn rhad ac am ddim gyda'r dynion a fyddai yn lladd gwair ar y weirglodd – rhyw bymtheg ohonynt. Y cinio fyddai mwtrin ffa, cig wedi ei halltu, a llaeth oer; a danfonid ef o'r fferm, tua milltir o bellter, mewn trol. Pan ddeuai'n amser cario y gwair, byddai tua deuddeg o droliau'n cludo y cwbl adref yr un diwrnod. Wrth gwrs golygai hyn y byddai holl droliau'r plwyf wrth hi, a'r tâl a gai'r cynorthwywyr oedd baich o wair rhaffau bob un. Y bwyd a gai'r gweithwyr fyddai llond noe o frywes, a phob un ei lwy i'w helpu ei hun a diod o laeth enwyn. Byddai pob hen weithiwr a fu'n gweithio ym Mhorth Dinllaen yn cael llond cwpan bren fawr o frywes ar fore Sul o'r fferm, a hynny hyd ddiwedd ei oes; a byddai rhywun neu'i gilydd yn myned i'w ymofyn i'r hen weithwyr. Cofiaf fyned ar neges felly un tro dros fy nhaid. Ni chawswn fy mrywes fy hun cyn cychwyn, ac felly yr oeddwn dipyn yn newynog a bwyteais beth o frywes yr hen ŵr, a llenwi'r cwpan a dŵr oer ar y ffordd adref. Ond methu a chuddio fy mhechod a wneuthum, a bu rhaid dioddef.

Daeth yr amser yn fuan i minnau ddechrau gweini fy hun. Ac i Borth Dinllaen a mi; A'r cwestiwn cyntaf a gefais oedd: 'Pa un a fynni di, a'i dod yn was yma neu ynteu bod yn deiliwr?' Ond yr oedd gennyf ofn aflawen rhag myned yn deiliwr, a theimlai pob bachgen arall yn y pentref yn debyg. Y cyflog oedd pum swllt am y chwe mis cyntaf, pump a chwech am yr ail chwe mis, chwe swllt am y trydydd. Yn y chwe mis nesaf codai i ddeuddeg swllt. Codem yn fore, a golygai hynny bedwar o'r gloch ar yr amser iawn. Pump o'r gloch a fyddai hi ar gloc y fferm; cedwid hwnnw bob amser awr yn fuan. Gweithiem ddwy awr galed cyn brecwast. A dyna fyddai'r brecwast: potes bara, neu sucan gwyn – rhyw fwyd tebyg i lymru neu o'r hyn lleiaf o'r un defnyddiau a llymru. Weithiau rhoir triagl ynddo. Ni welem bwdin o'r naill ben i'r flwyddyn i'r llall ond ar ddydd Nadolig. Caem wledd a thipyn o newid ynddi ar Ddydd Mawrth Ynyd, sef Dydd Mawrth Crempog. Disgyn yr ŵyl hon ar adeg leuad gyntaf y Gwanwyn. A dyma sut y gwneid y crempogau: rhoddid blawd haidd a blawd ceirch ynghyd a burum mewn dwfr y noson gynt mewn pot hanner pis, h.y. pot llaeth cyffredin. Trannoeth caent eu crasu yn deisennau enfawr. Dyna'n crempog ni. Deallaf mai bara surgeirch yw enw pobl Sir Ddinbych arnynt. Ond nid gyda chwpaned o de y caem ni ein crempog; melid hwy mewn potes. Ac nid un pryd y gaem. Caem botes felly am ddau neu dri phryd ar ôl y crasu.

Tri phryd yn y dydd a gai'r caewyr (y bobl a fyddain trwsio a thrin y cloddiau). Deuant i nôl eu cinio i'r tŷ ganol dydd, ac ni chaent ddim wedyn hyd amser swper, pan gaent uwd a thafell o fara. Ar ôl y pymthegfed o Fawrth caent bryd arall allan – llaeth poeth mewn piser a thafell o fara menyn, a phob un yn ei helpu ei hun i'r piser. Ond cai'r dynion a edrychai ar ôl y ceffylau bedwar pryd drwy'r flwyddyn. Caent hwy y trydydd yn y cwt malu. Byddai saith ohonynt gyda'i gilydd. Gofalai'r torrwr eithin am ymofyn y cynoswyd (cyfnosfwyd) i'r cwt malu erbyn yr adeg y deuent a'r ceffylau i mewn i'r stablau; ac wedi gorffen porthi'r ceffylau aent i'r tŷ gyda'r gweddill o'r gweithwyr am yr uwd a'r dafell fara.

Allan o'r saith a oedd gyda'r ceffylau yr oedd tri hogyn gyrru'r wedd. Dylwn egluro mai gwedd fain oedd ffasiwn Porth Dinllaen bob amser; gweithiai'r ceffylau y naill o flaen y llall ac nid ochr wrth ochr. Byddai tri cheffyl yn y wedd, a phob un yn gweithio'n sengl. Ni welais erioed wedd dwbl ym Mhorth Dinllaen. Fel arall y byddai mewn lleoedd eraill yn Lleyn hefyd. Byddai bachgen gyrru'r wedd ar gyfair pob tri cheffyl yn eu gyrru a chwip. Yn nechrau'r Haf byddai rhyw dri o'r bechgyn hyn ynghyd a dwy forwyn yn codi gyda'r wawr i fyned allan i ochr Allt y Môr i odro tua dau gant o ddefaid mawr. Ar ôl godro pob dafad, rhoem ein llaw dros ei phen yn y llaeth a gosodem hi ar war y ddafad i ddangos ei bod wedi ei godro. Gwnaem hyn yn fore cyn godro'r gwartheg, er mwyn cael y llaeth i wneuthur grual blawd ceirch i'r gweision i frecwast. Grual felly a thipyn o fara haidd fyddai ein pryd cyntaf. Cedwid gweddill o'r llaeth am amser maith a'i gorddi, a defnyddid y menyn i iro'r striciau hogi pladuriau.

Yr oedd tua deg a'r hugain o gwpanau pren a chylch pres amdanynt yn y gegin bob amser, a phob bore Sadwrn gwaith y forwyn hynaf fyddai sgwrio'r cwpanau hyn, a'r byrddau, a thusw o wellt a thywod. Caent eu golchi bob dydd, ond unwaith yr wythnos y caent yr oruchwyliaeth hon. Byddai gan bob gwas lwy bren, ond ei eiddo ef fyddai honno, ac ai a hi gydag ef pan symudai i weini i fferm arall.

Prif fwyd y gweision fyddai bara haidd a digonedd o ymenyn. Yr oedd gwneud y bara yn dipyn o orchwyl. Yr oedd cafn pren hir i dylino, a thywelltid sachaid (280 pwys) iddo gyda'i gilydd, a byddai morwyn ymhob pen i'r cafn yn ei dylino. Yr oedd hen boptu brics mawr yno a thwymnid ef ag eithin nes bod yn eirias wyn, ac yna teflid tuag un a'r bymtheg o'r bara haidd iddo i'w crasu. Caeid ceg y ffwrn a chaead tun, a chaeid y lleoedd gwag a thail tomen.

Yr oedd dwy hen ysgubor fawr yn perthyn i Borth Dinllaen, ac y maent yno o hyd. Byddai'r dyrnwr mawr yno'n dyrnu am saith niwrnod rhwng y ddwy. Yno y cedwid y peiriannau hyn yn segur dros yr Haf. Rhoddai'r perchenogion ddiwrnod o ddyrnu'n rhad i Borth Dinllaen am lety i'r peiriannau dros yr Haf. Yr oedd gwaith dyrnu am chwe diwrnod drachefn ar y teisi allan. Heblaw hyn, byddai dau ddyrnwr wrthi drwy'r Gaeaf gyda ffust. Byddai nithio yno ddwywaith yn yr wythnos. Y prif gertmon a fyddai'n cario'r sacheidiau ŷd i'r storws neu'r granari. Ond byddai'n lladrata llawer ohoni i'r ceffylau.

Hen ŵr annwyl oedd Robert Williams, Porth Dinllaen. Byddai rhywun yn achwyn fod y certmon yn dwyn yr ŷd, ond yr unig beth a ddywedai Robert Williams fyddai: 'Y mae'n debyg fod gan y ceffylau ei eisiau'. Deuai rhywun i achwyn bod rhai o Edern yn lladrata'r eithin gorau ar yr Allt Eithn, a'i unig ateb fyddai: 'Eu heisiau sydd ganddynt, rhyw hen greadur o geffyl sydd i fyned i Bwllheli yfory.' Eglwyswr mawr oedd ond bob tro y byddai S.T. Jones, mab tafarn Edern, yn pregethu, i'w wrando ef yr ai.

Yr oedd rhent Porthdinllaen yn bunt y dydd, sef £365 yn y flwyddyn; a'r degwm yn bunt y Sul, sef £52 yn y flwyddyn.

Bywyd caled a gafodd fy nhad a mam, mewn bwthyn to gwellt a llawr pridd iddo. Gwrthododd fy mam gymryd teils lawer tro am y credai fod llawr pridd yn iachach. Teflid tywod drosto ddwywaith yn yr wythnos. Yr oedd ganddynt ddyddyn bychan i gadw dwy fuwch arno, ac ymffrostiai mam fod ganddi noe ymenyn oedd yn bedwar cant oed. Buddai siglo oedd ganddi. Byddai'n gorfod danfon toes am ddwy filltir i'w grasu, a'i nôl drachefn. Byddai hen frawd ym Morfa Nefyn yn crasu bara'r wlad, a chodai dâl o geiniog y dorth. Aent ar daith i Bwllheli i brynu moch. Byddai mam yn gweu bob cam o'r daith, a deuai hi a nhad a mochyn bob un adref gyda hwynt ar eu hysgwyddau. Nid oedd matsis yn y wlad yr adeg honno, ond llwyddent i gynnau tân yn y bore yn rhyfedd ddigon. Pan welid mwg mewn fferm rhedid yno gyda thusw o wellt wedi ei rwymo, a cheid colsyn poeth yn ei ganol, a dygid ef adref. Wedi cyrraedd y tŷ byddai rhoi tro neu ddau arno yn ddigon i'w ennyn yn fflam gref ac a honno y cyneuid y tân.

Byddai dwy hen wraig, Catrin a Gwen, o Aberdaron, yn dyfod trosodd i Nefyn bob wythnos gyda baich o ymenyn a wyau, a chychwynnent adref yng nghwmni eu gilydd i Aberdaron, tua naw o'r gloch.

Yr oedd tair hen ferch yn arfer eistedd yn ffrynt Capel Edern. Eu gwaith yn ystod yr wythnos oedd hel wyau ar hyd y wlad i'r hen Sion Mani, neu Emanuel, o Aberdaron; a'i wraig ef a fyddai'n pasio drwy'r ardal ar ei ffordd i'w danfon i Fangor dros yr Eifl, ac yn dychwelyd gyda negesuau i'r ardal. Pymtheg am chwech oedd pris yr wyau yr adeg honno. Dyma ychydig o atgofion am hen ardal fy maboed, a'r arferion a ffynai yno pan oeddwn yn blentyn.

Mr R.G. Lewis, Pwllheli

(*Y Drysorfa*, Medi 1946)

EDERN

Pont y Pentref

Dim ond pont dros ffrwd y felin
Ger y pentref bach distwr,
Gwyliais ganwaith dros ei chanllaw
Frithyll brych yn gwannu'r dŵr.

Lle bu gwynfyd diofidiau
Hen gwmniaeth arni gynt,
Lle mae hoen yr oriau difyr
Yno'n oedi ar y gwynt.

Troediais bont y Dafwys lydan
Yn hiraethus fore a hwyr,
Ac ni roddodd llwydni'r dyfroedd
Falm i'm calon, Duw a ŵyr.

Troi yn ôl tua'r pentref llonydd
Fynnaf eto, gwyn fy myd,
Lle mae gwin yn llifo'n ffrydiau
Dan y bont sy'n aur i gyd.

W.R. Owen

Ganwyd William Robert Owen, ym Mryngolau, Edern, yn 1903.
Addysgwyd yn Ysgol Ramadeg Botwnnog. Ffermwr oedd ei alwedigaeth.

Bu'n flaenor gyda'r Methodistiaid yn Edern. Enillodd gadair yn Eisteddfod Peniel, Ceidio, yn 1953. Yn ystod y pedair blynedd olaf y bu ef byw, er ei fod wedi colli ei olwg, y cyfansoddodd y rhan fwyaf o'i farddoniaeth. Bu farw yn 1955. Y mae ei ferch, Mrs Jane Lloyd, Penrallt, Pwllheli yn flaenores yng Nghapel y Drindod (M.C.), Pwllheli.

Busnesau Edern yn 1860-70

Siop Isaf Cadwyd gan Griffith Griffiths a'i wraig. Bu'r Swyddfa Bost yno'n ddiweddarach am flynyddoedd lawer. Cyflogai un dyn a dau brentis. Dillad, groserau, nwyddau haearn a phob math o feddyginiaethau oedd yr hyn a werthai. Byddai'r siop ar y Sadwrn yn orlawn. Roedd gan Gth. Griffiths dri o feibion, a'r tri ohonyn yn feddygon. Yno roedd y post yn cael ei gadw, ac ar ôl didoli y llythyrau deuai Mrs Griffiths i'r golwg gyda bwndal o dan ei braich a byddai y plant yn disgwyl i ddosbarthu llawer o'r llythyrau i dai cyfagos. Roedd y llythyrau i'r Rheithordy, Cefn Edern, Glanrhyd, Rhiwlas a Madryn yn cael eu dosbarthu gan un o'r prentisiaid. Thomas Jones a gadwai Tafarn y Ship fyddai'n gyfrifol am gario'r post o Bwllheli i Edern. Roedd ganddo bump o geffylau o'r enwau Jac, Sali, Robin, Jinw a Nell. Byddai'r trap yn newid ceffyl ar gyrraedd Edern, ac i ffwrdd ai Samuel, mab arall, i'r Sarn, yn rwmblo pob cam o'r ffordd, gyda dim ond digon o le i un person arall i eistedd wrth ei ymyl.

Siop Newydd Cadwyd gan Miss Evans a Miss Jones ond t'oedd y busnes yn ddim i'w gymharu â Siop Isaf.

Siop Catrin Evans

Siop Elin Huws Oedd yn adnabyddus drwy Lŷn am ei bara. Arferai Elin Huws a Catherine Williams bobi wics (pynsen gyraints) a byddai gwerthiant mawr arnynt. Roedd Hugh, gŵr Elin, yn cadw iard lo ger Tafarn y Ship, gyda'r glo yn cael ei gludo gan long o Gasnewydd i Borth Dinllaen.

Siop Margiad, Llainhir

Siop y Groesffordd Cadwyd gan Evan Roberts, Siop Isaf, ef oedd y perchennog.

Y Cigyddion

Griffith y Bwtsiar, a fyddai'n lladd moch ac yn defnyddio poni gwyn, cloff i fynd o amgylch ac a gadwyd mewn stabl yn Nhy'n y Fynwent.

Siop Robert y Bwtsiar

Jinni'r Cig. Deuai cigydd hefyd o Laniestyn i'r pentref pob Sadwrn.

Y Melinydd Richard Roberts, Y Felin. Bardd a fu'n fuddugol mewn nifer o eisteddfodau lleol yn Llŷn. Roedd Ann, ei wraig, yn brif soprano yn y capel.

Gofaint Cadwyd yr efail gan Siôn y gof, yn cael ei gynorthwyo gan ei ddau fab, David a Griff.

Dilledyddion Robert Evans, Robert Parry a Sion Ifan.

Seiri-maen Robin Sion Robert, Twm Shon Roberts a John Sir Fôn.

Seiri-coed Morus Williams, Twm Pwll Parc, Shon Prisiart, Wil Jones y Rhos, a Wil Bach.

Seiri-llongau Thomas Williams, Tyddyn Bach; David Owen, Tŷ Hen; Harry, Groesffordd a Wil y Mount.

Gwneuthurwyr esgidiau Ifan Ifans, a gadwai brentis; Sion Williams a'i fab; Sion yr Sion; Wil Pwll Chwiaid, yn brentis; Risiart Benjamin, Tai Lôn, oedd yn wneuthurwr sgidiau penigamp.

Ffatri Cadwyd ffatri gan R.W. Rowlands, gyda dau o weithwyr, ac un prentis.

(cyfieithiad o *Lleyn in the Old Days* gan E Kenrick, Edern, 1950au)

Sais, brodor o Southport yn wreiddiol, oedd Eddie Kenrick. Cychwynnodd ei yrfa fel clerc. Anafwyd ef yn ddrwg yn y Rhyfel Byd Cyntaf. Enillodd 250 o wobrwyon a 22 o fedalau aur am redeg yn ei ddydd. Symudodd i Lŷn i fyw, priododd Gymraes a dysgodd yr iaith. Rhwng 1935-45 ysgrifennodd 13 o lyfrynnau ar hanes Llŷn ac Eryri, gan werthu dros 31,000 ohonynt. Bu'n bostfeistr Edern yn ei flynyddoedd olaf. Bu farw Mehefin 13, 1990, yn 93 mlwydd oed.

NEFYN

Patrobas (1832-63)

Ganwyd Robert Griffith ('Patrobas') ym Mhenymaes, Nefyn. Ei rieni oedd Robert Griffith (m. Tachwedd 29, 1846, yn 56 oed), blaenor gyda'r Methodistiaid yng Nghapel Isa, Nefyn; a Catherine Griffith (m. Medi 12, 1860 yn 68 oed). Ei daid o ochr ei dad, oedd John Griffith, Lleiniau, Pistyll, oedd hefyd yn flaenor.

Wedi iddo gwblhau ei dymor yn yr ysgol, a'i addasu i ymgymeryd â swydd, dewisodd fasnachu fel galwedigaeth. Bu ef farw o'r darfodedigaeth yn ŵr ieuanc, 31 mlwydd oed, ar Ebrill 21, 1863, gan adael gwraig a dau o blant. Ond nid cyn gwneud enw iddo'i hun fel bardd dylanwadol ymhlith trigolion ei fro genedigol. Mewn cyfnod o dymor byr, llwyddodd i gyfansoddi toreth lluosog o gerddi ar wahanol destunau gan gynnwys: Myfyrdod uwchben baban (1854), Creulonderau y gaethfasnach (1859), Y byd ar ei luniau; Marwolaeth, geneth fach R.J. meddyg, Nefyn; Myfyrdodau yr amddifad uwch bedd ei fam; Y diweddar Anne Griffith, Penarfynydd (1861); Rhybudd i'r ieuanc; Nid cartref yw fy nghartref gynt; Y ddwy fil; Anerchiad i'm cefnder Capten R. Parry, sgwner 'Nymph', ar ôl colli ei fam; Y diweddar Mrs Thomas, Derwen, Nefyn; a Tebyg i aderyn.

Naturioldeb, tlysni a rhwyddineb oedd prif ragoriaethau ei gynhyrchion barddonol, penillion a chaneuon rhydd oedd ei brif hoffter. Ymddangosodd llawer o'i waith yn y wasg Gymraeg fel: *Y Dyngarwr, Y Cronicl, Y Winllan a'r Dysgedydd*. Casglwyd rhai o'i gerddi mwyaf poblogaidd at eu gilydd a'u cyhoeddi yn 1862 (*Byr Ganeuon gan Patrobas, Pwllheli*: Argraffwyd gan Francis Evans, dros yr awdwr. Pris pedair ceiniog. Llyfryn wythplyg, 32 tudalen), cafodd gylchrediad helaeth.

Y darn hwyaf yn y llyfryn hwnnw yw Cân ar Nefyn fel y bu ac fel y mae, a draddodwyd ganddo ar achlysur agor yr Ysgol Frytanaidd yn Nefyn, yn 1862. (Yn ôl David Wilson Roberts yn ei draethawd buddugol ar Hanes Nefyn a gyfansoddodd yn 1894, ar Awst 30, 1859, yr agorwyd yr ysgol.) Y mae Patrobas yn cyfeirio yn y gân honno at hen arferion ac ofergoelion oedd yn ffynnu gynt, ac am y daioni mawr oedd yn deillio i'r wlad trwy gynydd ym myd addysg, a chyfnewidiad yn hanes crefydd y dref – saith tudalen o ysmaldo ysgafnaf.

Mae'n ymddangos hefyd fod trigolion Nefyn, fel mannau eraill, yn cael eu anrhydeddu gydag ymweliad bwgan yn y dyddiau gynt . . .

Y bwgan rhyfedda 'rioed
Y clywais i sôn amdano,
Oedd bwgan Jack Ty'n y Coed,
Ceffyl heb gnawd amdano!
Deuai yn esgyrn glân
A Jacki bron a marw
A throes yn olwyn dân!
Aeth honno'n wreichion ulw!

O Siani! gwarchod ni!
Mae Neli wedi gweled bwgan!
Dynes yn mynd yn gi,
A chi yn troi'n llygoden!

Ac y mae anwybodaeth y trigolion yn cael ei ddarlunio'n ffyddlon . . .

Hen wraig o'r Morfa, gynt
Oedd sâl heb arwydd gwella,
A'r Person roddai hint,
'Go dywyll ynte boba?'
'O! ie tywyll iawn,
Wel'is i 'rioed fath lanast,
I'r ffŵl ro'i ei das fawn
Yn union wrth y ffenast.'

Ym mhen yr wythnos gron,
Aeth ati wedi hyny,
'Wel, annwyl hon a hon,
Pa fodd yr y'ch chwi heddy?'
Dadfeilio on'te mae yr
Hen babell frau ddaearol?'
'Y to ydi'r gwaethaf, Syr,
Mae'r gwellt yn brin ryfeddol.'

Yr wylan ar y graig

Mi welais ddoe y wylan wen
Yn nofio'n dawel ar y don;
Glwys emau fyrdd tan belydr haul,
Yn neidio'n chwerthin ger ei bron:
Ymloewai'r dyfnder tani hi,
Yr awyr chwarddai uwch ei phen;
Grisialaidd donau yn di-ri'
Yn caru siglo'r wylan wen.

Ond erbyn heddyw rhuthra'r storm,
Tarana'r môr a'r cwmwl ban;
Gruddfana'r ogof – rhed y don
Yn gynddeiriogwyllt at y lan;
Y corwynt nerthol 'sgydwa'i ben,
Ei anadl luwchia donau'r aig;
Pa le, pa le mae'r wylan wen?
Mewn lloches glyd ar ris y graig.

Yr ieuanc hoff, mae heddyw'n braf,
Mae'r haf yn gwenu ger dy fron;
Ond beth a wnei pan ruthra'r storm –
Pan rua'r môr – pan gwyd y don?
Mae heddyw'n braf, – yfory Duw
Orddua'r nen – gynhyrfa'r aig;
Myn loches glyd, myn le i fyw;
Mae IAWN y groes yn gadarn Graig.

Patrobas
(*Y Dysgedydd,* Awst 1862)

Claddwyd Patrobas yng nghist-fedd ei rieni, yn Mynwent Eglwys Santes Mair, Stryd Llan, Nefyn.

Eglwys y Santes Fair, Nefyn

Chwarel y Gwylwyr

Yn ôl Cyfrifiad Nefyn am y flwyddyn 1851, ceir cyfeiriad at naw o setsmyn, pump a'r hugain o dorrwyr cerrig, a naw o chwarelwyr. Ymhen ugain mlynedd yn ddiweddarach, gostyngwyd y rhif i bedwar a'r ddeg o setsmyn, tri torrwyr cerrig a dim un chwarelwr. Cynhwysai tri a'r ddeg ohonynt yn fewnfudwyr o Caerlŷr, Dwygyfylchi, Llanddulas a Llanfairfechan.

Y rheswm dros y lleihad, oedd er cystal ithfaen y Gwylwyr, arbrofiwyd ar ansawdd cerrig y chwareli cyfagos yn Nant Gwrtheyrn a Threfor, gyda'r canlyniad fod yna lai yn Nefyn ond nifer mwy ym mhoblogaeth plwyf Pistyll.

Bu Chwarel y Gwylwyr ym meddiant dau ŵr o Lerpwl am flynyddoedd, sef Hutton a Roscoe, a brynodd y gwaith gan Samuel Holland; gŵr arall a gysylltir a'r lle oedd Trefor Jones, un o gyn-fformyn Samuel Holland, a fu farw yn 1860.

Ioan Mai Evans
(o *Chwareli Ithfaen Pen Llŷn*, 1990)

*Daeth 'Ioan Mai' fel y gelwid ef i amlygrwydd cylch eang led-led Llŷn a
thu hwnt, fel athro, hanesydd lleol, yn ogystal â bod yn chwaraewr ffidil
a magu daeargwn Cymreig. Treuliodd dros bedwar ugain o flynyddoedd
yn Llithfaen, lle ganwyd ef yn 1914. Cyhoeddodd doreth o ysgrifau i'r
wasg yng Nghymru, ac o leiaf pedair cyfrol:* Gwlad Llŷn *(1968),* Chwareli
Ithfaen Pen Llŷn *(1990),* O Ben Llŷn i Botany Bay *(1993) ac* O Graig yr Eifl
i America *(2000). Enillodd wobr yn Eisteddfod Genedlaethol y Rhyl am
ei draethawd ar Llenyddiaeth Llŷn a gwobr yn Aberafan ar greu tâp ar
Dafodiaith Llŷn. Bu farw yn 2006.*

Chwarel y Gwylwyr

186

Gwesty'r Three Herrings, Stryd y Ffynnon

Nefyn

Nefyn deg ar fin y don, – odiaeth yw,
    Gyda'i thirf brydferthion:
    Tref a gaf, drwy'r haf, yw hon,
    'N ymwelwyr i'w hymylon!

Nefyn yn hael fwynhawn ni – yn flaenaf
    Lanerch i ymloni:
    O gael nerth ar ei glan hi,
    Sŵn miloedd sy'n ei moli.

Tref gu, sy'n denu pob dyn – i lynu
    Wrth ei glenydd dillyn,
    Yw hynafol dre' Nefyn;
    O! lwys le! – palas i Lŷn.

Gwnus, Lerpwl
(*Y Geninen*, Hydref 1908

PISTYLL

Meddyliau am fro Pistyll

Heb imi flino'r darllenydd, efallai y caf yma roi argraff ac atgof am ardal y Pistyll. Rhimyn o le rhwng traethau'r môr a rhes o fryniau, gyda chwarel gauedig y Gwylwyr ar un cwr a chwarel agored Carreg y Llam ar y cwr arall; ac awgryma hynny ar unwaith sut dir oedd yno i'w amaethu.

Brwydr oedd bywyd i'r rhelyw o'r bobl erioed, a'r plant yn gorfod ceisio eu cynhaliaeth mewn lleoedd eraill: un yng ngwaith ithfaen yr Eifl, y llall hyd y môr, un yn gweini ar ffermydd yng Nghwm Pennant, y llall ym mhyllau glo Morgannwg, un yn yr Amerig, y llall yn labro yn nociau Lerpwl neu gyda'r cotwm. Gwerin amrywiol ei doniau a'i dulliau o fyw oedd yno – nid proletariaid o fowld y ffatrioedd amhersonol a myglud.

Sut bynnag am hynny, dyma rai o'r atgofion hyfryd a ddaeth i mi ar ôl cyrraedd yno fore Llun. Y siop ar unpen i Dai'r Foel, calon yr holl gymdogaeth trwy gydol y blynyddoedd.

Yno yr ymgasglai glaslanciau ar hwyrnosau hanner canrif yn ôl, i sgwrsio ac i smocio, a choelier fi, nid rhai prin o ddireidi mohonynt, mwy na Wil Bryan annwyl ac anfarwol. Y gwynt weithiau yn chwrlio heibio'r talcen, o gyfeiriad Garreg Lefain, ond yr oedd cysgod braf wrth y ffenestr lydan. Ac ni synnwn i ddim nad oedd golau'r lamp baraffin o'r siop yn cynhesu'r lle, yn debyg i bapur coch-goch yng ngrat ambell i feddyg ers talwm.

Ond yn y tŷ, yn ôl arfer diwylliant gwirfodd a chwbl ddi-dâl y dyddiau rheini, caed Mr Richard Lewis yn dysgu partion ohonom i ganu, a hyd y dydd hwn, gan brofi'n eglur i mi ragoriaeth 'enjoyment' ar 'entertainment' mynych y caf fy hun yn ail fyw yr oriau pell hynny.

> Diolch wnaf am gordiau'r organ/Ac am gwmni braf ei rin;
> Dysgid ni i liwio geiriau/Fel costrelau heirdd i win:
> Trigain munud/ Dragwyddolwyd lawer tro.

A chapel bach Bethania ar ochor y lôn, yn gu iawn yr olwg arno ac yn arogli'n lân oddi mewn. Ysgwn i, beth yn hollol a barodd i Gymry'r oes o'r blaen roi cynifer o enwau Beiblaidd ar eu haddoldai?

Led cae neu ddau islaw y ffordd fawr, mewn pantle meudwyol a thawel, yr oedd y Llan ac yn ei hymyl lyn malu y fferm. Yn y llyn hwnnw yr arferai hogiau'r Pistyll nofio eu cychod bach ar ryw adeg o'r flwyddyn, a phob cwch a'i hwyliau calico gwyn o waith eu dwylo celfydd hwy eu hunain.

Neb ohonom yn ofni meirwon y fynwent cyfagos, a'r hwyaid a'r gwyddau heb un arswyd rhagom ninnau. Caergybi, draw ymhell dros y môr, a'r *Mauritania* ar adegau yn mygu ar y gorwelion ac yn mynd am yr Amerig, lle yr oedd pobl yn gwneud eu ffortiwn a'r Indiaid Cochion wrthi'n hela yn y fforestydd.

Hir oedd y dydd tua'r llyn/Ers talwm;
Ras cychod hwyliau gwyn/Ers talwm;
Gwennol ar ei gwib o'r Ne'/Persawr blodau lond y lle.
Pell oedd trwst a mwg pob tref/Ers talwm;
Ninnau'n ddychymyg, heb un cloc,
Ers talwm.

Y Parchedig Tom Nefyn Williams (1895-1958)
(*Yr Herald Cymraeg*, 1950)

Wrth wrando'r gwcw hwyrnos

(yng nghlochdy hen Eglwys y Pistyll, Ebrill 28, 1914)

Mewn cwm yng Nghymru dawel,
Yn nistaw wyll y nos,
Ar ben hen glochdy'r eglwys lwyd
Fe ganai cwcw dlos;
Adseinid ei dau nodyn
Mewn clogwyn ger y lli,
A charreg ateb atgof prudd
O fewn fy mynwes i.

189

Dy nodau lleddf a ddeffry
O mewn adgofion prudd
Am rai fu'n gwrando'th swynol gân
A'u gwenau ar eu grudd:
Ond heno – mud yw'r rheini –
Y beddrod yw eu rhan;
Ni ddeffry'th gân un siriol wên
O ben hen glochdy'r llan.

Paham y deuaist yma
I ganu yn y nos
A thithau'n rhydd bob awr o'r dydd
I ganu ar fryn a rhos?
A raid wrth ddwfn ddistawrwydd
Mudandod natur syn
I ddweud dy dyner leddf 'Nos dawch'
Wrth ben y meirwon hyn?

Neu hwyrach dy fod tithau
Mewn hiraeth fel fy hun
Am lawer un wrandawai'th gân
Ym mroydd tawel Llŷn,
Rhag ofn i donau hiraeth
Fradychu'th siriol wedd
D'est yma i ganu'th alar gân
Y nos uwch ben eu bedd.

John Thomas Williams, 1864-1921,
Bodeilias, Pistyll

LLITHFAEN

Atgofion am Lithfaen

Gan fy mod dros fy mhedwar ugain oed, nid oes ond cwta ugain mlynedd rhwng fy atgofion a bod yn ganrif. Yn wir, mae rhai ohonynt yn mynd yn ôl dros ganrif gyfan gan mor fyw yn fy nghof ydyw yr hyn a glywais am y gweddill o'r cant.

Yr wyf yn cofio fy nghartre, tŷ bychan ym mhentre Llithfaen ac yn agos i ddrws capel y Methodistiaid Calfinaidd, y trydydd a adeiladwyd ganddynt yn yr ardal. Dechreuwyd yr achos ganddynt yn y plwyf yn 1785, ac yr oedd yma Ysgol Sul yn 1786.

Capel cerrig oedd yr un a gofiaf fi, a'i wyneb at y dwyrain gyda phalmant o gerrig rhwng y capel a'r fynwent. Y rhai cyntaf i'w claddu yn y fynwent oedd David Roberts, Y Foel, yn 1866, ac Ann, ei wraig, yn 1873. Mab iddynt oedd Ioan Llŷn (1824-1907), un o feirdd Llundain, a cheir ei hanes yn Beirdd Gwerin Eifionydd.

Y cof cyntaf sydd gennyf am y capel oedd y ffermwr yn dod i'r oedfa, ac yn dod ychydig o flaen yr oedfa ddeg, bore Sul. Ffermwr mewn tipyn o oed ac yn dod ar gefn ei ferlen. Cofiaf imi gael ar ddeall ei fod yn berthynas ag awdwr yr emyn –

> Galaru'r wyf mewn dyffryn du
> Wrth deithio i dŷ fy Nhad.
>
> Anad.

Mae'n debyg mai rhyw ddwyflwydd oed oeddwn, er fy mod yn cofio sŵn pedolau'r ferlen ar y palmant, a minnau yn fy ngwely a hithau'n fore Sul tawel.

Y profiad a'r atgo syml hwn a roes yr ysgytwad cynta imi fynychu'r moddion, mae'n debyg. Yn nesaf, cawn fy hunan yn yr Ysgol Sul ymysg rhai tebyg. Cofiaf yr athrawes yn cyhoeddi fod ganddi wialen fedw dan y set. Bum yn ei dosbarth am dymor, ond ni ddefnyddiwyd y wialen. Cyfnod o symud o ddosbarth i ddosbarth, llafurio at yr arholiadau a llwyddo weithiau i ddod i'r dosbarth cyntaf. Athrawon da bob tro, ac mewn un cyfarfod ysgol, a'r Parch. John Moses Jones (1822-1903), Dinas, yn arholwr, gosodwyd ar ddwy ohonom i ddysgu rhannau o Matthew i'w adrodd. Wedi inni orffen y cwbl a ddywedodd oedd 'purlon'.

Cofio'r un dyn yn pregethu'n y capel ar nos Sul, ac yn taro'r gwydr oddiar lamp y pulpud yn deilchion wrth droed y blaenor, 'hitia befo fo, Ifan,' meddai 'd'oedd o ddim ond tipyn o wydr'. Am ryw reswm mae'r Ysgol Sul yn sefyll allan yn fwy na'r ysgol ddyddiol yn fy hanes i.

Wrth sôn am achos y Methodistiaid yn y pentref dylaswn ddweud am 'Arifog', y bardd, a gyhoeddodd lyfryn hwylus am yr achos. Bum yn meddwl lawer tro beth a barodd iddo fyned ati i wneud y gwaith hwn o gofnodi achos crefyddol. Cefais eglurhad mewn cofnod fod dylanwad ei dad yn fawr arno, ac nid un o'r ardal yma oedd ef.

Brodor o Lanystumdwy ydoedd, ac wedi ei eni o fewn ychydig i gartre Robert Jones (1745-1829), Rhoslan. Bedyddiwyd ef yn hen Eglwys Llangybi yn 1836, lle y bu Eben Fardd yn cadw ysgol hyd 1827.

John Jones, y saer, y galwem ni ef, a bu'n athro Ysgol Sul arnaf. Dewiswyd ef yn ysgrifennydd yr eglwys cyn dod yn flaenor gan mai peth anghyffredin oedd cael dyn yn medru ysgrifennu a rhifo, a bu wrth y gwaith am hanner can mlynedd.

Gan mai dyn dieithr i'r plwyf ydoedd, mae'r hyn a gofnodwyd gan ei fab, Arifog, yn syrthio'n fyr mewn rhai pethau oedd yn gynnar yn hanes yr achos. Nid ydyw wedi sôn dim am eglwysyddiaeth y plwyf, na sôn gair ychwaith am hanes helynt y tir comin, ac nid ymddiddorodd ddim yng nghofrestrau'r plwyf.

Bum yn meddwl paham y gadawodd allan ran amlwg y Methodistiaid yn helynt y tir comin y ceir cyfeiriad ato yn llyfr: *Cau'r Tir Comin*, gan David Thomas. Ai am mai fel rebals y cyfrifid hwy, ynte am fod perthynas agos ag ef yn cymryd rhan ynddo?

Teg felly i mi gyfeirio atgofion anelwig a'm harweiniodd i chwilota am ffeithiau hanesyddol ynglŷn â'r achos. Mewn adroddiad Esgobol am 1776 am blwyf Pistyll, lle mae ein pentref, gwelai fod 70 i 80 yn cymuno yn eglwys y plwyf ar Y Pasg, a nodyn nad oedd Babydd, Annibynwr, Bedyddiwr na Chwacer o fewn y plwyf, ond fod yno ychydig a'u gelwai eu hunain yn Fethodistiaid ond nad oedd ganddynt athrawon trwyddedig, a'u bod yn lleihau yn hytrach na chynyddu.

Pwy oedd y rhain? Dywed traddodiad i Dafydd Jones, Llangan, fod yn

Yr hen gapel M.C., Llithfaen

Y capel presennol

pregethu yma ar ben trol. Ni byddai hyn yn amhosibl, gan fod cyfrif iddo fod yn Nhudweiliog. Clywais ddigon o sôn mai mewn fferm o'r enw Aber Gafran y dechreuodd yr achos, ac fe ddywed Arifog hynny.

Gwelais wedyn garreg fedd ym mynwent Carnguwch, ac arni: Griffith Humphreys, Carnguwch Bach, marw Gorffennaf 14, 1847, yn 82 oed. Bu yn proffesu gyda'r Trefnyddion Calfinaidd am 69 mlynedd, ac yn ddiacon am fwy na 60 mlynedd.

Dyma brawf pendant fod yma weithgarwch yn 1779 ac fod ffurf ar eglwys yn 1787. At hyn bum yn ddigon ffodus i gael copi o'r 'Non-Parochial Registers' o Lundain. Dyma oedd arni . . . .

Volume. 3873. Caernarvonshire: Pistyll 68.
Llithfaen Chapel, Welsh Calvinistic Methodists – Parish of Pistyll.
Founded 1785. (Register sent in by one of the deacons, Richard Owen of Llithfaen Bach. He had kept them since 1827, as the deacon of the chapel).

At hyn gweled eto yn y Llyfrau Gleision am 1847, fod yma Ysgol Sul mor gynnar â 1786. Yn awr am y sawl oedd ynglŷn â hi . . .

Fel y dywedais mae'r rhan fwyaf o'r enwau y soniaf amdanynt ynglŷn â'r achos cynnar yn dwyn rhyw atgo neu gilydd. Defnyddiaf y rhestr hon o Lundain, a llythyrau'r diweddar Barch. Henry Hughes (1841-1924), Bryncir. Cyfeiriaf ato fel H.H. Pan ddechreuodd helyntion y Tir Comin yn 1812 yr oedd amryw o'r rhai a'u cododd yn aelodau o'r capel cyntaf.

Paham y teimlodd y crefyddwyr hyn mor gryf ar fater y Tir Comin? – yn syml, tlodi'r trigolion a hwythau yn dibynnu cymaint ar y comin. Gwelir eto, *Cau'r Tiroedd Comin*, yn tudalen 56: 'Robert Sion Hughes, dyn tlawd yn Llithfaen'. Yr oedd ef yn swyddog yn y capel yn 1804. Trigai yn Siop y Rhos, a phregethai, a dywed y Parch. D.E. Davies (1843-1914) yn llythyrau H.H. mai yng Nghae Pricia y bu farw, ac mai pregethwr gwael ydoedd.

Dywed Arifog mai o swllt i ddeunaw a gai am bregethu, ac iddo ddiolch unwaith am sachaid o wellt am y gwaith. Llythyr arall yn dweud iddo gael hwyl gampus mewn oedfa ym Mhenmount, Pwllheli, a pheri diwygiad. Ar y comin y cadwai'r tyddynwyr y geifr (buwch y dyn tlawd), Aber Gafran fel engraifft. At hyn rhoddaf y geiriau o enau un Evan Williams, Llwyndyrus (o lythyrau H.H.): 'Yr oedd yna le rhyfedd yn Llithfaen, 40 mlynedd yn ôl. Llawer nad oeddynt wedi gweld sachaid o flawd gwyn yn eu hoes – lle tlawd iawn. Grug a thywyrch oedd y cyfan oedd ganddynt i'w roi ar y tân, a thatws llaeth oedd eu holl fwyd. Byddai golwg ofnadwy arnynt yn y capel, yn ddu a budr. Dywedodd John Williams, Llecheiddior (Eifionydd) ar ei bregeth unwaith yno mai croesau gleision y frech gaeth oedd Llithfaen.'

Cofnod eto am y tri degau o'r ganrif olaf . . .

Ni wn am ddim gwell i daflu goleuni ar y pentref tua'r amser yma na disgrifiad Eben Fardd o'i daith drwy'r pentref yn 1837, a dyma fo am Hydref 14: 'Yn Llithfaen yr oedd y capel wedi ei ail adeiladu, a rhes o dai bychan newyddion wedi eu codi gerllaw iddo yn 13 mewn nifer. Yr oedd yr hen Lithfaen yn cynnwys oddeutu dwsin o dai to gwellt yn adfeilion, oddieithr tri neu bedwar. Yr oedd tŷ bonheddwr a adeilasid yma gan un Jones, yn bur adfeiliedig. Yr oedd y ffordd am tua thair milltir tu draw i Lithfaen yn un bur aniddorol, yn myned drwy'r grugdir noeth ac anial, nes dyfod at efail unig, a throad sydyn at Bistyll. Mae y lle hwn yn agos iawn at lan y môr, ac ynddo eglwys a mynwent hynod. Mae fferm a elwir Pistyll hefyd yn ymddangos yn dŷ da, wedi ei adeiladu yn ddiweddar. Mae'n fferm fawr, a welid yn y gadlas yn gnwd toreithiog o gynnyrch y fferm. Tynnai y lle hwn fy sylw fel preswylfod y diweddar Roland Hughes, a gofir fel mesuronydd a swybwr (dewin) a bu fy mrawd yma un tymor yn was.'

Ellen Evans, Alpha, Llithfaen
(*Yr Herald Cymraeg*, 1950-60)

Ganwyd Ellen Evans yn 1879, yn un o saith o blant, a'i magu gyda'i thaid, Robert Jones, yn Llithfaen. Bu'n forwyn yn ferch ieuanc yn y Plas, Nant Gwrtheyrn. Yn 1906 priododd John Lewis Evans, chwarelwr o Drefor, y pentref cyfagos. Ymfudodd y gŵr i Red Granite, Wisconsin, yn Chwefror 1908, i weithio i'r chwareli ithfaen yno. Dilynodd Ellen ei phriod i'r America, yn Mawrth, 1909, ar fwrdd y Lusitania. Daethont yn eu hôl i Gymru ar yr un llong yn Nhachwedd 1913, bron i ddwy flynedd cyn i'r llong honno gael ei suddo gan yr Almaenwyr, sef Mai 7, 1915. Treuliodd Ellen ei hoes faith ym mro'r Eifl, lle y bu hi farw yn 1978, yn gant namyn wyth oed.

Yr oedd ei mab, Ioan Mai Evans, yn adnabyddus i gylch eang led-led Llŷn a thu hwnt.

Awgrymiadau i ymwelydd â chlaf

1.   Gofalwch pa adeg i fynd, heb fod yn rhy gynnar na rhy hwyr ar y dydd, rhag trethu amser hamdden a chwsg y claf.

2.   Cyn myned bydded i chwi ymolchi ac ymdrwsio yn weddus, gan fod golwg afler yn anymunol i'r claf, a bwytewch bryd da o fwyd digonol cyn mynd, byddwch felly yn llai agored i gael yr afiechyd.

3.   Ewch i mewn i'r tŷ yn ddistaw, heb wneud un cynwrf, gan gofio fod tawelwch yn hanfodol er lles y claf.

4.   Nac ewch byth yn waglaw, dygwch gyda chwi ychydig deisenau, ffrwythau neu arian, fel y tybiwch fydd fwyaf derbyniol gan yr hwn yr ymwelwch ag ef.

5.   Nac eisteddwch rhwng y claf a'r golau, nac yn rhy agos ato rhag ei lethu gan eich presenoldeb.

6.   Gofalwch fod bob amser yn siriol, gan ddangos yn wastad yr ochr obeithiol i'r amgylchiad, a nodi engreifftiau o rai wedi gwella o'r afiechyd yn flaenorol.

7.   Peidiwch a bod yn rhy siaradus rhag ei flino, ac na soniwch am faterion fydd yn golygu pwys meddwl iddo.

8.   Os bydd y claf yn abl i'w fwynhau arferwch dipyn o ddigrifwch (humour) ond cofier cadw o fewn terfynau, gall y bydd tipyn o chwerthin yn foddion i sirioli ysbryd y truan yn ei iselder.

9.   Os nad all oddef yr uchod oherwydd natur ei afiechyd, cysurwch ef gorau galloch mewn ysbryd gweddaidd, gan ddangos goruwchreolaeth Duw ymhob amgylchiad, ac fod pob peth yn gweithio er daioni i'r rhai sy'n ei garu, a dyfynwch adnodau megis: 'Da i mi fy nghystuddio . . . ' Y rhai fe allai a symudant y cwmwl o awyrgylch ei feddwl. Os gyfyna i chwi, ewch i weddi, a chofiwch fod yn fyr, yn ddoeth, ac i bwrpas.

10. Wrth ffarwelio, na ffarweliwch fel pe am y tro olaf, ond yn hwyliog, gan ddymuno adferiad buan, ac addew'ch alw eilwaith.

11. Gofalwch na bo eich arhosiad ond byr, heb beri trafferth i neb o'r teulu, i baratoi lluniaeth i chwi na dim o'r fath; cofiwch fod digon o waith gyda'r claf.

12. Cedwch bob cyfrinach ymddiriedir i chwi, a pheidiwch a beirniadu na beio, pa ddiffyg bynnag fo ynghylch y rhai fo yn gweini, ond os gellwch ceisiwch wella y cyfryw, a chofiwch eich bod wrth wneud y cyfryw yn rhoi cysur i ddioddefydd, ac yn cael y fraint o wneud cymwynas yn 'enw disgybl' i'r Meddyg mawr allu lleddfu bob dolur a gwella bob clwy, a gofynwch iddo am allu i gymhwyso y 'balm o Gilead'.

Celt, Llithfaen
(o *Trysorfa y Plant*, Gorffennaf 1911)

NANT GWRTHEYRN

Pentref yr un teulu

Yn Nant Gwrtheyrn y mae Mr William Owen a'i chwaer yn byw mewn rhes yng nghanol y pentref. O'u cwmpas y mae saith ar hugain o dai a godwyd yn gadarn o gerrig llwyd y mynydd. Saif dau ffermdy dafliad carreg i ffwrdd.

Dyna'r uned gyfyngedig mewn powlen o ddyffryn dan gysgod y Graig Ddu sy'n codi'n serth ac uchel ar arfordir gogleddol Llŷn.

Ond pe codai rhyw angen, ymestyn at y teliffon a wnai Mr William Owen a Mrs A. Williams am gynorthwy. Hynny, neu gerdded cryn filltir a hanner i fyny'r gamffordd flin sy'n arwain o'r Nant – at eu cymdogion.

Oherwydd – Mrs Owen a Mrs Williams yw'r unig ddau sy'n byw yn Nant Gwrtheyrn erbyn hyn. Gwag yw'r tai eraill bob un, a gwag yw'r ddwy fferm.

Dyma bentref yr un teulu, lle mae digon o hedd i'r geifr gwylltion a'u mynnod i adael eu cynefin ysgythrog yng nghreigiau'r Eifl i ymlwybro o gwmpas y tai ac i gyd-bori ochr yn ochr a'r defaid a'r wyn ar gaeau'r gwastadedd.

Un aelwyd

Pentref yr un tŷ bach twt yng nghanol ysgerbydau diffenestri, diddrysau, dirisiau. Un aelwyd gynnes ymysg hualau oer.

Golygfa drist yw'r tai adfeiliedig a'u gerddi'n drwch o ddrain a mieri, y llwybrau dan wair a choed ar ffenestri'r capel bach. Ond drwy'r cwbl y mae i'r Nant ei ramant o hyd. Yno, yn y distawrwydd mawr y mae ysbryd y mynydd yn cydio ymhob ymwelydd – ac mae hen chwedlau'r fan yn fyw.

Chwedl yr hen Frenin Gwrtheyrn, er enghraifft, a ddihangodd yno rhag ei elynion ac a laddwyd pan darawyd ei gastell gan fellten. Fe guddiwyd ei grochan o aur yn y Nant, meddir, ond ni ddaeth neb o hyd iddo hyd yn hyn.

A dyna'r garreg ithfaen a naddwyd yn llestr ac a saif yn ei lle hyd heddiw, rhyw droedfedd o'r llawr. Dyma lestr ymolchi Ellis Bach y Nant, corrach a ymguddiai yn y rhedyn ac a ddringai y creigiau ar ôl y geifr.

Mae'r atgofion am y pethau hyn eto'n aros er i'r gymdeithas a fu yno unwaith leihau i ddau aelod. Edrych yn ôl ar yr hen ogoniant a wneir yno'n awr.

Nant Gwrtheyrn yn adfeilion

Dros gant

Pan ddaeth Mr William Owen yno i fyw yn 1930 yr oedd poblogaeth y lle yn gant a rhagor. Roedd yr ysgol ar agor a bri ar oedfeuon y capel. Ei briod, a fu farw yn 1945, a arferai godi canu yno am flynyddoedd. Gweithio ar y pier llwytho llongau lle'r allforir cerrig ithfaen o chwarel Cae'r Nant, a gwarchod y glannau, y mae Mr Owen a ddaeth yno o'r Rhiw.

'I mi bu'n lle difyr iawn, yn hwylus wrth ymyl fy ngwaith,' meddai. 'Mae braidd yn anghysbell mae'n wir, ond go brin yr ymadawaf bellach nes daw'n amser i mi ymddeol.'

Symudodd ei chwaer at o i lonyddwch y Nant o Lerpwl (lle y treuliasai y rhan helaethaf o'i hoes) ar ôl colli ei phriod pan suddwyd ei long yn y Rhyfel Mawr diwethaf.

Oherwydd bod y ddwy ffarm ar lawr y dyffryn bellach yn wag mae'n rhaid i Mrs Williams adael y Nant bob dydd yn awr – i nôl llefrith. Cymer dri chwarter awr iddi i ddringo'r gamffordd serth i'w gyrchu. Ni fedr cerbyd fynd yno.

Mynd a dod

Oherwydd yr anhawster i gyrraedd y byd o'r tu allan mynd a dod a fu hanes poblogaeth y Nant – yn arbennig yn y blynyddoedd diwethaf. Ond ni bu cyn lleied ag un teulu yn ei ddeg ar hugain o dai erioed o'r blaen.

Adeiladwyd y pentref yn y ganrif o'r blaen i gartrefu'r chwarelwyr a ddaeth i naddu'r mynyddoedd yn fara. Tyrrodd y bobl yno i sefydlu cymdeithas fach newydd yn y dyffryn distaw. Gyda'r Jonesiaid a'r Robertsiaid a'r Ifansiaid daeth hefyd y Barlows a'r Colters, o Mount Sorle yn Iwerddon.

Fe gofiai Mrs Mary Jones sy'n byw yn awr yn Llithfaen ond a anwyd ac a fagwyd yn Nhŷ Uchaf, un o ffermydd y Nant, deulu ymhob un o'r tai. Byddai Capel Seilo M.C. a adeiladwyd yn 1879 yn llawn bob Sul, yr Ysgol Sul yn llewyrchus a chymdeithas lenyddol 'ddigon da i bobl Llithfaen ddod i lawr iddi bob wythnos.'

Pan oedd hi yn hogan fach yr oedd cynifer ag wyth a thrigain o blant yn yr ysgol. Gwerthai siop gydweithredol bob nwydd angenrheidiol i'r teuluoedd. A chludid y nwyddau yno y ffordd fwyaf dethau – mewn llong.

Ni bu dau Ryfel Byd yn help i'r Nant fwy nag i ddim arall. Gyda'r Rhyfel Mawr Cyntaf y dechreuodd y dirywiad, a phan ddaeth yr Ail gwelwyd cau gwaith y Nant – un o'r tair chwarel sy'n ei amgylchynu. Diflannodd y bobl i

Runcorn a Birmingham a Coventry – byth i ddychwelyd drachefn i odre'r Graig Ddu.

A welir adfywiad? Dyna'r cwestiwn a ofynnir yn awr. Pan drafodwyd yn Henaduriaeth Llŷn ac Eifionydd a'i doeth oedd dal gafael yn y capel, clywyd fel yr oedd y Comisiwn Coedwigoedd wedi prynu can erw o dir yn y Nant ac y gallasai fod angen y capel drachefn.

Nid oes ond amser a ddengys.

(*Yr Herald Cymraeg*, 1957)

Erbyn Gaeaf 1964 tynnwyd y llen ar ddrama hanes unigryw Nant Gwrtheyrn. Yr oedd bellach yn ddibreswyl. Y dau ddwsin tai chwarel ithfaen yn adfail, a'r capel a fu unwaith yn ysgol, o dan y morthwyl.

Nant Gwrtheyrn

Wrth droed yr Eifl mae cilfach
Cydrhwng clogwyni certh,
A dwy ffordd tuag yno
Tros fôr a llwybr serth;
Padell o ddyffryn a thraeth di-hyn
Rhwng Dinas Lleu a Phenrhyn Llŷn.

Hawdd ydyw gwau chwedloniaeth,
Ym mro Gwytheyrn a Lleu,
Ond pwy a wâd y gornant
A gân er bore'r creu;
Ac oedi wnawn uwchlaw ei lli
I wrando rhan ei stori hi.

Mae grynnau bach i'w gweled
Yn genglau tros y ffridd,
Olion tyddynnwr cynnar
Yn ysgraffnio'r pridd;
O rwn i rwn bradycha'r ôl
Anwybod dyn cyn 'nabod dol.

Ond nid oes gyffro heddiw,
Tyfodd yr wtra'n las;
Tafol ar ddrws ysgubor,
A danadl lle bu'r das;
A mamog dan gudynnog gnu
Yn llechu'r tes yn nrws y tŷ.

Er estyn clust i'r awel
Cyn troi o'r tyle brwnt,
Ni chlywais ond erddigan,
Aflonydd donnau'r swnt;
A'r nant er meined oedd ei dŵr
Yn pyncio'i chân fel trwbadwr.

Ond wele ar yr awel
O ddwfn ystlysau'r Nant,
Daw sŵn diddosi teios
A seiniau parabl plant;
Mae'n heniaith dlos ar waetha'r teyrn
Yn ennill tir yn Nant Gwrtheyrn.

(y diweddar Ieuan Jones, Cilfor, Talsarnau gynt, 1981)

Ganwyd y diweddar Ieuan Jones yn Nhalsarnau yn 1925. Ar ôl gadael Ysgol Gynradd Talsarnau, ac Ysgol Ramadeg y Bermo, treuliodd gyfnod fel hwsmon. Dilynwyd hynny drwy fynd i weithio ar Reilffordd y Cambrian. Bu hefyd yn Swyddog Lles Addysg i Awdurdod Addysg Meirionnydd ac yn gweithio ar yr ad-drefnu yn enw Awdurdod

Gwynedd. Enillodd nifer o gadeiriau eisteddfodol, ac amryw wobrwyon am englynion a thelynegion gan gynnwys gwobr am delyneg yn Eisteddfod Genedlaethol y Bala yn 1967.

Tre'r Ceiri

Af i Dre'r Ceiri ar fy hynt,
Os try y gwynt i'r dwyrain,
I wrando'i organ leddf drwy'r grug,
A barrug Hydre'n cywain
Hen gerddi o'r canrifoedd pell;
Am gell, a chaer a chewri,
Ond mwy i mi na chwt a gwal
Yw mynydd tal Tre'r Ceiri.

Af yno'n sicr ar fy hynt
Pan beidia'r gwynt a throsi,
I yfed dŵr o ffynnon hen,
Rhy hen i adrodd stori;
Mi gasglaf lus i'm piser bach,
Caf awyr iach i'm llonni,
Bydd sprigyn gwyn wrth odre'r wal
Ar fynydd tal Tre'r Ceiri.

Ioan Mai Evans, Alpha, Llithfaen. 1940/50

Yr olygfa am Fae Pwllheli o Dre'r Ceiri

Yr olygfa am Fae Nefyn a Phorth Dinllaen o ben Y Gwylwyr

GWLAD LLŶN

Mynd adref heibio i Nefyn – wedi'r hwyr
    I ben-draw y Penrhyn;
    Gweled y lloer uwch gwlad Llŷn,
    A nef eithaf hen fwthyn.

Lle ar wahân, llwyr ei hedd, – ym mhridd hon
    Mae rhyw ddwys dangnefedd;
    Y mae tawel ymgeledd
    Di-glwy yn ei gwledig wledd.

Caraf hon, cryf ei heniaith, – y cynnes
    Acenion di-lediaith;
    Yma fe ddeil ein mamiaith
    Fel yr oedd, am oesoedd maith.

        Y Parch. Roger Jones, Rhoshirwaun
        (*Awelon Llŷn*, 1970)

Ganwyd Roger Jones yn Nhŷ Mawr, Rhoshirwaun, yr hynaf o deulu lluosog, yn 1903. Bu'n weinidog gyda'r Bedyddwyr am 46 o flynyddoedd cyn iddo ymddeol. Treuliodd ei gyfnod olaf yn Llanengan. Roedd yn fardd, yn englynwr a hefyd yn feirniad cenedlaethol. Bu farw yn 1982.